如何成为
一名优秀的
推销员

郑和生◎编著

吉林出版集团股份有限公司

图书在版编目（CIP）数据

如何成为一名优秀的推销员 / 郑和生编著. — 长春：吉林出版集团
股份有限公司, 2018.7

ISBN 978-7-5581-5213-9

Ⅰ.①如… Ⅱ.①郑… Ⅲ.①推销 – 通俗读物
Ⅳ.①F713.3-49

中国版本图书馆CIP数据核字（2018）第134136号

如何成为一名优秀的推销员

编 著	郑和生	
责任编辑	王 平　史俊南	
开 本	710mm×1000mm　1/16	
字 数	240千字	
印 张	17.5	
版 次	2018年11月第1版	
印 次	2018年11月第1次印刷	

出 版	吉林出版集团股份有限公司
电 话	总编办：010-63109269
	发行部：010-67208886
印 刷	三河市天润建兴印务有限公司

ISBN 978-7-5581-5213-9　　　　　　　　定价：45.00元

有人说：做过销售的人，不管再做什么工作都是最优秀的！

答案几乎是不假思索的肯定。因为经历了销售，就像经历了生命的磨炼，失败、绝望、无助、困惑、打击、退缩、坚持、成功……所有的悲伤与快乐都在其中。但是经历了这一切，似乎就脱胎换骨了，明白失败其实就是考验，成功的时候也要坦然，因为没有永远的成功，也没有永远的失败，只要坚持，就会成功。

《如何成为一名优秀的推销员》这本书囊括了成功者创业的点点滴滴，你会看到他们和你一样，都是一个平凡的人，就像原一平曾经是个无可救药的小太保，柴田和子也是个普通的家庭主妇，乔·吉拉德做过电炉装配工和住宅建筑承包商，汤姆·霍普金斯也是父亲眼中的失败者……但是他们为什么最终创造了不平凡的事业？难道是他们遇到了常人无法比拟的机遇？

答案又是否定的，你们同样是在种种的艰苦中被逼无奈走向销售之路的，甚至有些人对保险销售持以蔑视的态度。他们最终的成功似乎有着相同的原因：

——对成功的渴望：

家庭的贫穷让他们对成功充满了向往，出于摆脱贫困的责任感，让他们内心对成功充满了期望，而这种内心的渴望就是他们对工作充满激情的源泉。

——对克服困难的坚持：

销售行业最大的特点就是困难接踵不断，就像一条布满荆棘的路，只有踏过荆棘才能看到美好的曙光。但是并不是每个人面对困境都能坚持走过。困境之中，可能没有衣食的保障，困境之中自信几乎为零，困境之中可能遭到他人的蔑视……这一切似乎听起来都是灭顶之灾，但是，他们走过来了，艰苦中笑着对自己说：坚持！最终战胜了困难，将一切都完美地挽救回来。

——全身心地投入事业：

成功并不是终点，只要松懈，或许就是退步，就是失败。成功者面对成功只有全身心地投入自己的事业，不敢有半点的懈怠。他们每天都有规律地生活，依然坚持对自己严格要求，就好像自己从来没有成功一样地努力。

做人和销售：

成功者总是将做人与销售联系在一起。销售就是人与人之间的交往，不会做人，自然就不会成功地完成销售任务。

销售需要做人的真诚，没有真诚地为客户着想，哪能体现商品的价值，自然而然，你所推销的东西也就卖不出去。

销售需要做人的坚持，面对客户的拒绝，不要灰心丧气，因为任何人在不明白是怎么回事的情况下，都不会买你的产品。

……

当然，销售工作与做人紧密相连，销售中坚持做人的原则，自然就会取得成功。

总之，销售巨人的成功会带给你无数的启示，让你明白你与他之间是那么相像，但总是差那么一点点，或许差的那一点就是成功的关键！

CONTENTS 目录

第一章

推销之神

——原一平

原一平在日本寿险业是一个大名鼎鼎的人物。在日本近百万的寿险从业人员中，没有一个人不认识原一平。他的一生充满传奇，从被乡里公认为无可救药的小太保，最后成为日本保险业连续15年全国业绩第一的"推销之神"。最穷的时候，他连坐公交车的钱都没有，可是最后，竟然凭借自己的毅力，成就了自己的事业。

历经磨难的小个子

1904年，在日本长野县，原一平出生了。他的家境富裕，父亲德高望重又热心公务，所以在村里担任很多的职位，为村民排忧解难，很受人们的尊敬。

原一平是家中最小的孩子，从小长得矮矮胖胖的，特别受父母亲的宠爱。也许是被宠坏的缘故，原一平从小就很调皮，尤其不爱读书，喜爱调皮闹事，捉弄别人，并且常常与村里的小孩吵架、打斗。在老师教育他的时候，他竟然拿小刀刺伤了老师，父母对他实在是没有办法了。

23岁那年，原一平离开家乡，到东京去闯自己的天下。他的第一份工作就是做推销，但不幸的是碰上了一个骗子，卷走了他的保证金和会费以后就跑了。所以，原一平陷入了困境之中。

1930年3月27日，对于还是一事无成的原一平来说是个不平凡的日子。27岁的他拿着自己的简历，走入了明治保险公司的招聘现场，一位刚从美国归来，并且研究推销术的资深专家担任主考官。他瞟了一眼面前这个身高仅有145厘米，体重50千克的"家伙"，抛出一句硬邦邦的话："你不能胜任。"

原一平蒙住了，好半天回过神来，磕磕巴巴地问："何……以见得？"

主考官蔑视地说："老实对你说吧，推销保险困难非常，你根本就不是干这个的材料。"

原一平被激怒了，他抬起头问道："请问进入贵公司，究竟要达到什么样的标准？"

"每人每月10000元。"

"每个人都能完成这个数字？"

"当然。"

原一平不服输的劲头上来了，他赌气地说："既然这样，我也能做到10000元。"

主考官瞥了原一平一眼，发出一阵冷笑。

原一平"斗胆"许下了每月推销10000元的诺言，但他还是未得到主考官的认可，勉强让他当了一名"见习推销员"。没有办公桌，没有薪水，还常被老推销员当"听差"使唤。在最初成为推销员的七个月里，他连一分钱的保险也没拉到，理所当然也就拿不到分文的薪水。为了省钱，他只好上班不坐电车，中午不吃饭，晚上睡在公园的长凳上。

但是，这一切都没有使原一平退缩。他把应聘那天的屈辱，看作一条无形的鞭子，不断"抽打"自己。他整日奔波，拼命工作，没有丝毫的松懈。他经常对着镜子，大声对自己喊："全世界独一无二的原一平，有超人的毅力和旺盛的斗志，所有的落魄都是暂时的，我一定要成功，我一定会成功！"他明白，此时的他已不再是单纯地推销保险，他是在推销自己。他要向世人证明："我是干推销的料。"

他依旧保持精神抖擞，每天清晨5点起床，从"家"徒步上班。一路上，他不断微笑着和擦肩而过的行人打招呼。有一位绅士经常看到他这副快乐的样子，受到感染，便邀请他共进早餐，虽然他饿得要死，但还是委婉地拒绝了。当得知他是保险公司的推销员时，绅士便说："既然你不赏脸和我吃顿饭，我就投你的保好啦！"于是他终于签下了生命中的第一张保单。更令他吃惊的是，那位绅士是一家大酒店的老板，后来帮他介绍了不少业务。

从这一天开始，一切的厄运消失了，原一平的工作业绩开始直线上升。在年底统计时，他在9个月内共实现了16.8万日元的业绩，远远超过了当时的许诺。公司同事顿时对他刮目相看，这时的成功让原一平泪流满面，他对自己说："原一平，你干得好，你这个不吃中午饭、不坐公车、住公园的穷小子，干得好！"

在进取中
成长

1936年，原一平的销售业绩已经是名列公司第一，然而他却依然狂热地方工作，并不满足于现状。他构想了一个大胆而又突破性的推销计划，找保险公司的董事长串田万藏，要一份介绍日本大企业高层次人员的"推荐函"，他想大幅度、高层次地推销保险业务。

串田先生不仅是明治保险公司的董事长，还是三菱银行的总裁、三菱总公司的理事长，是整个三菱财团名副其实的最高领导。通过他的帮助，原一平的保险业务不仅可以打入三菱的所有组织，并且还能打入与三菱相关的最具代表性的所有大企业。

然而，原一平并不知道保险公司早有被严格遵守的约定：凡从三菱来明治工作的高级人员，绝对不介绍保险客户，这理所当然地包括董事长串田。

原一平为他的突发构想坐立不安，他发誓要实现自己的推销计划。他信心十足地推开了公司负责推销业务的常务董事阿部先生的门，请求他代向串田董事长要一份"推荐函"。

阿部听完了原一平的计划，沉默地瞪着原一平不说话。沉默许久，阿部才慢慢地说出了公司的约定，回绝了原一平的请求。原一平却不肯认输，问道："常务董事，能不能我自己去找董事长，当面提出请求？"阿部的眼睛瞪得更大了，更长时间的沉默之后，说了5个字："可以试试吧。"说罢，用不自然的笑容打发了原一平出门。

过了几天，原一平终于接到了约见通知。他兴奋不已地来到三菱财团总部，层层的关卡，漫长的等待已经把原一平的兴奋劲儿耗去大半。他疲惫地倒在沙发里，迷迷糊糊地睡着了。不知过了多长时间，原一平的肩头被戳了几下，他猛然醒来，非常尴尬地面对着董事长。

串田大喝一声："找我什么事？"头脑还未清醒过来的原一平当即被吓得差点儿说不出话来，想了一会儿才结结巴巴地讲了自己的推销计划，他刚说"我想请您介绍……"就被串田打断："什么？你以为我会介绍保险这玩意儿？"

原一平来之前就想到过请求会被拒绝，并且还准备了一套辩驳的话，但万万没有想到串田会轻蔑地把保险业务说成"这玩意儿"。他愤怒了，大声吼道："你这混账的家伙。"接着又向前跨了一步，串田惊奇地后退一步。"你刚才说保险这玩意儿，是吗？公司不是一向教育我们说'保险是正当事'吗？你还是公司的董事长吗？我这就回公司去，向全体同事传播你说的话。"原一平说完，转身就走。

一个无名的小职员竟这样没有礼貌地顶撞、呵斥高高在上的董事长，使串田非常愤怒，但他对小职员话中"等着瞧"的潜台词又不能不认真地思索。

原一平走出三菱大厦，心里无法平静，他为自己的计划被拒绝而气恼，然而更多的是失望。他失望地回到保险公司，向阿部汇报了事情的经过，刚要提出辞职，电话铃响了，原来是串田打来的。他告诉阿部，刚才原一平对自己恶语相加，他虽然非常生气，但原一平走后自己再三思考，觉得他的话还是有道理的。串田接着说："保险公司以前的规定的确有偏差，原一平的计划是对的，我们也是保险公司的高级职员，理应为公司贡献一份力量，帮助扩展业务。我们还是参加保险吧。"

放下电话之后，串田立即召开了临时的董事会。会上决定，凡三菱的有关企业必须把全部退休金投入明治公司，作为保险金。原一平的顶撞痛斥换来的不仅是董事长的敬服，还获得了董事长日后充满善意的全面支持，也一点点实现了自己的宏伟目标：3年内创下了全日本第一的推销纪录，到43岁后连续保持15年全国推销冠军，连续17年推销额达百万美元。

1962年，他被日本政府特别授予"四等旭日小绶勋章"。获得这种荣誉在日本是少有的，连当时的日本总理大臣福田赳夫也羡慕不止，当众感叹道："身为总理大臣的我，只得过五等旭日小缓勋章。"

1964年，世界权威机构美国国际协会为表彰原一平在推销业做出的成就，颁发了全球推销员最高荣誉——学院奖。原一平也成了明治保险的终身理事，业内的最高顾问。

原一平真正是功成名就了！

虽然原一平已经功成名就，但是他却一点也不愿意停下来，还想继续工作。他的太太埋怨说："现在的储蓄我们已经够终生享用，何必再每日这样辛苦地工作呢？"

原一平却不赞同地回答："这不是有没有饭吃的问题，而是我心中有一团火在燃烧着，这一团永不服输的火在身体内作怪的缘故。"

原一平用自己一生的实践书写了"作为一个伟大的推销员、一个优秀的推销员"应该具有的技巧。他想要把这些技巧告诉每一个普通人，以及每一个想要走向成功的人。因此，他在全世界各地开展了连续不断的演讲，把自己的思想不断地推广。同时，他还定期举行"原一平批评会"，坚持了6年，不断地听取大家的意见，从而做到"检讨自我，改进自我"的目的。

他坚持每星期去日本著名的寺庙听吉田胜逞、伊藤道海法师讲禅，来提高自己的修养。他对每一个客户都有一个详细清晰的调查表，建立了分类档案。他把微笑分为39种，对着镜子苦练，曾经在对付一个极其顽固的客人时，用了30种微笑，他的微笑被人们誉为"价值百万美金的笑"。他有坚强的毅力和信念，为了赢得一个大客户，他曾经在3年8个月的时间里，登门拜访70次都扑空的情况下，最终锲而不舍地获得成功。

在原一平奋斗史中，最受寿险推销人员推崇的是"三恩主义"：社恩、佛恩、客恩。

原一平是明治保险公司推销员，今日能成为保险巨人，并被尊称为"推销之神"，他并没有骄傲自大，反而谦虚为怀，不断地感谢公司的栽培。原一平十分尊敬公司，晚上睡觉都不敢朝向公司的方向。这就是"社恩"。

原一平一生成长的历程，除了自己刻苦奋斗外，还有贵人串田董事长、阿部常董都功不可没。但是，他内心里最感谢的是启蒙恩师吉田胜逞法师、伊藤道海法师，如没有他们的一语道破及指点迷津，或许原一平还只是一名推销的小卒呢！这就是"佛恩"。

谈到"客恩"，就是对参加的客户心怀感谢之心。对每位客户有感谢的胸怀，才能对客户做到无微不至的服务。根据原一平自称：他的所得除10%留为己用外，其余皆回馈给公司及客户。就是在这"三恩主义"的指导之下，原一平才取得了那么多的成就。

推销是一条孤寂而寂寞的路，遭到的白眼和冷遇都远远超过其他行业。但是，独一无二的原一平用自己的汗水和勤奋、韧力和耐心走过了这条荆棘路，创造了世界奇迹，成为所有人为之敬佩的"推销之神"。这种精神，值得所有后来人学习和敬仰！

寻找成功的方法

任何事情的成功都是讲求方法的，尤其是在销售行业，在历经艰难与考验的同时，讲求方法才是通向成功捷径。原一平的成功销售方法又是什么呢？

1. 接受别人的批评

我们有勇气像原一平一样，接受别人的批评吗？

原一平在27岁巧遇高僧吉田胜逞后，便诚恳地接受了别人的批评，反省了自己，战胜了自己的缺点，改变了自己。

2. 勤跑

在原一平69岁的一次演讲会上，有人问什么是推销成功秘诀时，他当场脱掉鞋子、袜子，说："请摸摸我的脚板！"

他的脚底老茧非常厚。他说道："因为我走的路比别人多，跑的比别人勤，所以脚上的茧特别厚。"

3. 以"赞美"对方开始访谈

每一个人，包括我们的准客户，都希望别人真诚地赞美。有人说："赞美是畅销全球的通行证。"所以，懂得赞美的人，肯定是会推销自己的人。

原一平有一次去拜访一家商店的老板。

"先生，你好！"

"你是谁呀？"

"我是明治保险公司的原一平，今天我刚到贵地，有几件事想请教你这位远近闻名的老板。"

"什么？远近闻名的老板？"

"是啊，根据我调查的结果，大家都说这个问题最好请教你。"

"哦！大家都在说我啊！真不敢当，到底什么问题呢？"

"实不相瞒，是……"

"站着谈不方便，请进来吧！"

……

就这样很容易地过了第一关，并且取得准客户的信任和好感。赞美几乎是百试不爽，没有人会因此而拒绝你的。原一平认为，这种以赞美对方开始访谈的方法尤其适用于商店铺面。

那么，究竟要请教什么问题呢？一般可以请教商品的优劣、市场现况、制造方法，等等。

对于商店老板而言，有人诚恳求教，大都会热心接待，会乐意告诉你他的生意经和成长史。而这些宝贵的经验，也正是推销员需要学习的，这样一来，既可以拉近彼此的关系，又可以提升自己，何乐而不为呢？没有他们，你的新事业从一开始就注定要走下坡路。

著名的营销专家Joe Girard曾写过一本书：《如何将任何东西卖给任何人》。他说："你所遇到的每一个人都有可能为你带来至少250个潜在的顾客。"

这对想开展自己事业的人来说可是个再好不过的消息了。不过，根据Joe Girard的理论，从反面来看，当一个顾客由于不满意离你而去时，你失去的就不仅仅是一个顾客而已，你将切断与至少250个潜在顾客和客户的联系，并有可能导致一个重大的损失，以至于你的事业在刚刚走上轨道的时候就跌一大跤。

那么，是什么使创业者承受这么大的损失呢？许多缺乏经验的创业者并没有意识到是什么致命的错误将他们的客户和潜在客户撵走。结果呢？他们被迫放弃自己的创业之梦也只是早晚的事了。所以，在开始之前，你一定要了解如何让你的顾客成为经常购买的回头客，或者如何做得更好，让他们成为你的终生顾客！

你已经将你拥有的时间、金钱以及最为重要的自由作为赌注来开展个人事业了。然后，你将用什么来留住顾客呢？

1. 替自己找借口

假如你拥有一家公共关系公司。一次，你没能在规定期限前完成工作，那么，你将如何应付客户的抱怨和不满呢？千万不要找借口说，"我快被繁重的工作压垮了，所以一直没腾出时间开始做你的方案"。这实在是很不明智的，客户才不会关心你是否承担得了繁重的工作，他们只会记得，你承诺过在一个确定期限以前完成工作却又言而无信。

与其找借口，还不如先老老实实承认自己的过失，之后再尽力使事情好转。哪怕是加班加点地工作，给顾客打折扣，并将顾客所需要的产品当晚就送到他家里去。当你能承担所有责任并改正你的过失时，本来一个不好的事反而会让你赢得顾客的信任。

2. 忽视反馈信息

很多顾客并不会告诉你他们的不满，只是转身离开另觅交易罢了，留住他们！用些额外的时间来争取他们的注意力，定下时间来进行一次私人会面，或者办一个主题讨论会，与你的客户直接电话联系，或请他们回答一些调查问题，比如：

您为什么选择我们的产品与服务？是什么使您购买我们的产品而非其他供应商的？您觉得我们的产品和服务还需要哪些改进？

——找到这些问题的答案将会有助于你的生意。你会找到哪些方面你已经做好了，哪些还存在不足。如果一个顾客不满意，你就能在他改变主意之前采取行动。当你向顾客提出调查问卷，就表明了你对他的重视，从而吸引顾客成为回头客。

3. 思想消极懈怠

开创自己的事业难道会是一件容易的事么？想想，一旦你的生意开始，你得随时准备好为现金周转奔波，扛上一大堆琐碎和繁重的重担。然而不管多么艰难，你都必须高昂着头保持微笑。人们只愿意同那些充满自信的人做生意。

摆脱消极思想的恶性循环，集中精力在你的目标上，相信不管遭遇多少挫折你都能最终心想事成。你对自己坚定不移的信心也会同样使顾客对你的生意信心倍增。记住，下次见到准客户，以赞美对方开始访谈。

方法四、逗趣方式销售

拜访的过程中，设法打开沉闷的局面，逗准客户笑是一个很好的接近方法。原一平曾以"切腹"来逗准客户笑。

有一天，原一平拜访一位准客户。

"你好，我是明治保险公司的原一平。"

对方端详着名片，过了一会儿，才慢条斯理地抬头说："几天前曾来过某保险公司的业务员，他还没讲完，我就打发他走了。我是不会投保的，为了不浪费你的时间，我看你还是找其他人吧。"

"真谢谢你的关心，你听完后，如果不满意的话，我当场切腹。无论如何，请你抽点时间给我吧！"

原一平一脸正气地说，对方听了忍不住哈哈大笑起来，说："你真的要切腹吗？"

"不错，就这样一刀刺下去……"

原一平边回答，边用手比划着。

"你等着瞧，我非要你切腹不可。"

"来啊，我也害怕切腹，看来我非要用心介绍不可啦。"

讲到这里，原一平的表情突然由"正经"变为"鬼脸"，于是，准客户和原一平一起大笑起来。

无论如何，总要想方法逗准客户笑，这样，也可提升自己的工作热情。当两个人同时开怀大笑时，陌生感消失了，成交的机会就会来临。

善于创造拜访的气氛，是优秀的推销员必备的。只有在一个和平欢愉的气氛中，准客户才会好好地听你说保险。

方法五、说话技巧

如何提高说话技巧是推销员的首要任务。

1.要相信自己说话的声音。

2.每天不断地练习。

原一平之所以会成为销售之神，他把成功归功于他高超的说话技巧。他认为说话有八个诀窍：

语调要低沉明朗。明朗、低沉和愉快的语调最吸引人，所以语调偏高的人，应设法练习变为低调，才能说出迷人的感性声音。

发音清晰，段落分明。发音要标准，字句之间要层次分明。改正咬字不清的缺点，最好的方法就是大声地朗诵，久而久之就会有效果。

说话的语速要时快时慢，恰如其分。遇到感性的场面，当然语速可以加快，如果碰上理性的场面，则相应地语速要放慢。

懂得在某些时候停顿。不要太长，也不要太短。停顿有时会引起对方的好奇和逼对方早下决定。

音量的大小要适中。音量太大，会造成太大的压迫感，使人反感；音量太小，则显得你信心不足，说服力不强。

配合脸部表情。每一个字、每一句话都有它的意义。懂得在什么时候，配上恰当的面部表情。

措辞高雅，发音要正确。学习正确的发音方法，多加练习。

加上愉快的笑声。说话是推销员每天要做的工作，说话技巧的好与坏，将会直接影响你的推销生涯。最重要是：不断的练习、练习、再练习是成功的关键。

方法六、永不服输

"我不服输，永远不服输！"

"原一平是举世无双，独一无二的！"

记着：永不服输，永不放弃！

你是全世界的第一名！是举世无双、独一无二的！

据了解，人的大脑对事物要进行163次的重复记忆，才不会把事物永远地忘掉。因此，对待你的客户就要有163次的回忆，才能让你把客户真正当作自己服务的对象，永远地为他着想，这样，你就把握住了自己的客户。同时要学会做笔记，人的大脑再厉害，也比不上写在纸上的东西更加的记忆深刻，因此，记住你与客户交谈的每一个细节，或许就会在不经意间挖掘出更加重要的销售信息。

销售成功的案例与心得

　　保险生活化，生活保险化。人生何处不推销，将保险融入你的生活中，你就会走上经营保险的新台阶。

　　有一天，原一平到一家百货公司买东西。任何人在买东西的时候，心里总会有预算，然后在这个预算之内，货比三家，寻找物美价廉的东西。忽然间，原一平听到旁边有人问女售货员：

　　"这个多少钱？"

　　说来真巧，问话的人要买的东西与原一平要买的东西一模一样。

　　女售货员很有礼貌地回答："这个要7万日元。"

　　"好，我要了，你给我包起来。"

　　想来真气人，购买同一样东西，别人可以眼也不眨一下就买了下来，而原一平却得为了价钱而左右思量。原一平有条敏感的神经，他居然对这个人产生了极大的好奇心，决心追踪这位爽快的"不眨眼先生"。

　　"不眨眼先生"继续在百货公司里悠闲地逛了一圈，看了看手表后，打算离开。那是一只名贵的手表。

　　"追上去。"原一平对自己说。

　　那位先生走出百货公司门口，横过熙熙攘攘的马路，走进了一栋办公大楼。大楼的管理员殷勤地向他鞠躬。果然不错，是个大人物，原一平缓缓地吐了一口气。眼看他走进了电梯，原一平问管理员：

　　"你好，请问刚刚走进电梯那位先生是……"

　　"你是什么人？"

"是这样的，刚才在百货公司我掉了东西，他好心地捡起给我，却不肯告诉我大名，我想写封信给他表示感谢，所以跟着他，冒昧地向你请教。"

"哦，原来如此，他是某某公司的总经理。"

"谢谢你！"

推销没有限制的地方，只要有机会，你都可以找到你要找的准客户。

读了原一平的销售故事，我们唯一的体会就是将"生活保险化"。在保险中，我们要靠自己的"心"细致入微地观察生活，能过他们的一言一行，都能及时地找准自己的客户。同时，面对困难时要善于动脑筋，不要在困难面前轻易地放弃，否则机会就会白白地流失。

实际上，保险业务员每天要做的工作就是寻找准客户。到底在哪里可以找到准客户呢？

从普通的日常生活中，只要你够用心和留心。

有一天，工作极不顺利，到了黄昏时刻依然一无所获，原一平像一只斗败的公鸡一样走回家去。在回家途中，他要经过一个坟场。在坟场的入口处，原一平看到几位穿着丧服的人走出来。原一平突然心血来潮，想到坟场里去走走，看看有什么收获。

这时正是夕阳西下，斜斜的阳光有点儿"夕阳无限好，只是近黄昏"的味道。原一平走到一座新坟前，墓碑上还燃烧着几支香，插着几束鲜花。说不定就是刚才在门口遇到的那批人祭拜时用的。

原一平恭敬地朝着墓碑行礼致敬，然后很自然地望着墓碑上的字——某某之墓。

那一瞬间，原一平像发现新大陆似的，所有沮丧一扫而光，取而代之的是一股跃跃欲试的工作热忱。

他在天黑之前，来到了管理这片墓地的寺庙。

"请问有人在吗？"

"来啦，来啦！有何贵干？"

"有一座某某的坟墓，你知道吗？"

"当然知道，他生前可是一位名人呀！"

"你说得对极了，在他生前，我们有来往，只是不知道他的家眷目前住在哪里呢？"

"你稍等一下，我帮你查。"

"谢谢你，麻烦你了。"

"有了，有了，就在这里。"

原一平记下了某某家的地址。

走出寺庙，原一平又恢复了旺盛的斗志。

优秀的业务员会及时把握机会，绝不让机会白白地溜走。

成功其实随处可见，就看你是如何把握的。因此我们要时刻保持一颗乐观的心，抓住身边点点滴滴的"线索"，去寻找自己的准客户。就像原一平，在坟场上也能找到顾客的线索。

抓住了客户，就要时刻为自己的客户着想，千万不要让准客户有"被迫接见"的感觉。一般的准客户对业务员都怀有戒心，一旦用强迫的手段，非但没有效果，反而会增加他对你的抵触情绪。原一平从来不采用被迫接见的方法。

有一次，他想通过电话约谈一位准客户的表哥。

"你好，是某某电器公司吗？请你接总经理室。"

"请问你是哪里啊？"

"我叫原一平。"

"请你稍等一下。"

电话转到总经理室。

"哪一位啊，我是总经理。"

"总经理，你好，我是明治保险公司的原一平。我听说你对继承权方面的问题很有研究，所以今天冒昧地打电话给你。几天之前，我曾拜访过你的表弟，与他研究了继承的问题，他感到很满意，所以今天我想与你再来研究一番。"

"嗯。"

"事情的经过你问你表弟就知道了，我本来可以叫你的表弟写一份介绍函再来拜访你，不过这样似乎有强迫的味道……其实在这个时候，谁也无法强迫谁……"

"嗯。"

同样一声"嗯"，但第二声比第一声亲切多了。

"怎么样呢？"

"既然是这样，咱们约个时间谈谈也好。"

……

尊重准客户，重视准客户。谈话之中要注意分寸，尽可能避免无形之中对他们造成伤害。透过你的坦诚，准客户会对你产生某种安心的感觉。

无论是你的客户，还是你的朋友，我们都要学会"尊重"，不要伤害他们的"自尊心"，这样才能走进彼此的心里，才能增强双方的感情。

同时我们还要特别注重人脉关系，做保险人脉关系是最重要的，特别是转介绍关系可能会给你带来源源不断的保单。因此，只要适当地运用人脉关系，就能扩展自己的客户范围。

无论怎样与客户沟通，都要采取一定的方法，比如给客户送礼就很有学问，送多了负担不起，送少了又显得太寒酸。最好的礼物是让准客户感觉良好，又受之有愧。原一平经常给准客户送"大礼"。

通常，原一平的第二次拜访比第一次规矩，把握"说了就走"的原则，找个适当的理由，讲几分钟就走。问题的关键就在第三次访问。

有一天，原一平去拜访一位准客户。

"你好，我是原一平，前几天打扰了。"

"瞧你精神蛮好的，今天没忘记什么事了吧？"

"不会的，不过，有个请求，就劳烦你今天请我吃顿饭吧！"

"哈哈，你是不是太天真了，进来吧！"

"既然厚着脸皮来了，很抱歉，我就不客气了。"

回家后，原一平立即写了一封诚恳的致谢信。

"今日冒然拜访，承蒙热诚款待，铭感于心，特此致函致谢。晚辈沐浴在贵府融洽的气氛中，十分感动。"

另外，原一平还买了一份厚礼，连信一起寄出。

关于这份特别礼物，原一平自有标准：

如果吃了准客户1000日元，原一平回报他2000日元的礼物。

第三次访问过后20天，原一平会做第四次访问。

"嘿，老原，你的礼物收到了，真不好意思，让你破费啦！对了，我刚卤好一锅牛肉，吃个便饭再走吧！"

"谢谢你的邀请，不巧今天另有要事在身，不方便再打扰你。"

"那么客气，喝杯茶的时间总还是有吧！"

……

人与人之间的感情，是在日积月累之中逐渐建立起来的。

总之，销售就在生活里，就在交往里，就在人与人沟通的内心里，只要真诚地付出，加上自己的坚持不懈，最终都会赢得成功。话说起来比较简单，最重要的是，在困难面前谁真正地坚持住了，谁才算真正的胜利者。原一平就是，不知道下一个会不会是你呢？

销售
经典名言

原一平的销售名言将保险事业中的一切困难都淡化了，只要你仔细的地揣摩，发现无论是成功还是失败，都在于你的心，在于你的行动。

· 推销成功的同时，要使该客户成为你的朋友。

· 任何准客户都有其一攻就垮的弱点。

· 对于积极奋斗的人而言，天下没有不可以的事。

· 越是难缠的客户，他的购买力也就越强。

· 当你找不到路的时候，为什么不去开辟一条？

· 应该使准客户感到，认识你是非常荣幸的。

· 要不断认识新朋友，这是成功的基石。

· 成功者不但怀抱希望，而且拥有明确的目标。

· 只有不断找寻机会的人，才会及时把握机会。

· 不要躲避你所厌恶的人。

· 忘掉失败，不过要牢记从失败中得以的教训。

· 过分的谨慎不能成大业。

· 世事多变化，准客户的情况也是一样.

· 推销的成败，与事前准备用的功夫成正比。

· 光明的未来就是从今天开始。

· 失败其实就是迈向成功所应缴的学费。

· 若要收入加倍，就得有加倍的准客户。

· 在没完全气馁之前，不能算失败。

- 好的开始就是成功的一半。
- 华而不实的言论只会显示出说话者的肤浅而已。
- 错过的机会是不会再来的。
- 只要你说的话有益于别人，你将到处受欢迎。
- "好运"光顾努力不懈的人。
- 储藏知识是一项最好的投资。
- 若要纠正自己的缺点，先要知道自己的缺点在哪里。
- 昨晚多几分钟准备，今天少几小时的麻烦。
- 未曾失败过的人，恐怕也未曾成功过。
- 若要成功，除了努力和坚持之外，还要加点儿机遇。

或许简单的经典话语，给予你的精神食粮，比物质来得更加的猛烈，而成功需要的就是更多的精神力量，这样才能支持着每一个寻求成功的人不断地走下去。

第二章

日本销售女神

——柴田和子

柴田和子出生于日本东京，从东京"新宿高中"毕业后，进入"三洋商会株式会社"就职。后因结婚辞职回家做了4年家庭妇女。

一年收入三亿的业务员

1970年，年仅31岁的柴田和子进入日本著名保险公司——第一生命株式会社新宿分社，开始她充满传奇绚烂的保险行销工作，同时，她也创造了一个又一个辉煌的保险行销业绩。

在柴田和子进入"百万圆桌会议（简称MDRT）"之前，日本还没有出现达到入会要求的人。1978年，柴田和子首次登上"日本第一"的宝座，之后一直保持了16年日本保险销售冠军，荣登"日本保险女王"的宝座。

1988年，她创造了世界寿险销售第一的业绩，并荣登吉尼斯世界纪录，从此之后，逐年刷新纪录，她的业绩至今无人打破。她的年度成绩能抵上800多名日本同行的年度销售总和。

尽管她从1995年就担任了日本保险协会会长，然而并未影响她的业绩，她的销售业绩早已超过了世界上任何一个推销员。柴田和子说话幽默机智，为人搞笑，衣着奇特，已经成了当今营销精英们心中的"顶级大姐"和最酷偶像。

在全球寿险界，只要谈到寿险销售成绩，人们的评价就是"西有班·费德文，东有柴田和子"。

柴田和子1938年出生在日本东京深川的一个普通的家庭里。在柴田和子10岁的时候，父亲不幸离开了人世，她的母亲是一位坚强的女人，柴田和子就是深深受到了母亲的影响。

母亲经常对柴田和子说："别人帮助我们纠正100个问题，哪怕99个不正确，但只要有一个是正确的，我们也要心存感激。只有这样，才能长保喜悦面容。"

1970年，尽管柴田和子已经是两个孩子的母亲，但她依然踏入了保险界。柴田和子进入保险公司的首要一件事，就是要写出200位认识的人的名单。

这可难住了她，就业之前，柴田和子就是一名普通的家庭妇女，她认识的人根本不足100人。最终，为了过关，她乱编了300个名字，就连过世的爷爷和未出世的儿子柴田壮一郎的名字都在其中。

可是过了第一关，过不了第二关，她的主管每天都在追问"那300人进展如何"。柴田和子只好顶着压力，每天给她的客户寄明信片，明信片上写着："或许你很讨厌保险业务员！但是为了我的学习，请务必赐见。"结果却大为出乎意料，在这300个名单中，她签下187件保单。

第二个月，柴田和子继续努力，一口气签下3000万日元保单。这时候，公司的其他同事对她另眼相看，觉得不可思议。然而更不可思议的事在后头，柴田和子从1979年起，连续14年取得全日本保险销售冠军。

1991年，柴田和子团体险为1750亿日元，个人寿险为278亿日元，合计2028亿日元。首年度保费（FYP）为68亿日元（折合约6800万美元）。这些数字相当于804位第一生命保险公司的保险业务员一年所创下的业绩。

柴田和子一年的收入达到17亿日元（约3亿人民币），她与西方的保险泰斗班·费德雯被称为人寿保险的奇迹："西有班·费德雯，东有柴田和子。"

柴田和子为人和蔼可亲，她把自己的成功总结为两个字——服务。每年的感恩节，她都会为客户送上一只火鸡。因此，人们都称她为"火鸡太太"。

然而这个被人称为"日本第一、世界第一"的行销女王，实际上她入保险业却是被人蒙骗拉下水的。

在入保险业之前，柴田和子根本没有想到过要把保险作为自己的职业，因为相对于其他职业来讲，当时的保险业一直被视为寡妇、一无可取者和别无所长者的工作。何况，在她生孩子之前，她在其他企业做得还是很优秀的。

但是有一天，她的表妹带着她在第一生命株式会社担任业务员的朋友到家里玩。"原本那位业务员是一名说客，他要说服表妹担任保险业务员的，当得知表妹当时已经登记为其他保险公司的兼职人员了，他的拉拢的目标就转到我身上来了。就这样，在表妹带领下，他们以'玩'的招牌来家里劝我入会。"

那时，柴田和子的孩子还小，并且对行销保险的工作也没什么好感，作为有一技之长的她，还不至于沦落到卖保险的地步，因此就很直接地谢绝了担任保险业务员的建议。但是当那位业务员知道柴田和子有日文打字及珠算一级的资格时，就改口说："因为也在招募事务员，要不然你就别应征业务员，来当事务员好了。而且据说月薪高达10万日元。"

当时的柴田和子并不知道这只是业务员的一种策略，感到还是挺兴奋的。不必做自己讨厌的事情，还能够达到高收入，而且工作时间还是弹性的，这真是"天上掉下来的馅饼"。

然而要知道，1970年月薪10万日元可以说是非常优厚的条件了，那时候大学刚毕业的学生起薪也不过35000日元，况且还可以弹性上班呢。如果是现在，这些不实的诱惑是无法打动柴田和子的，可是当时的他真的以为交了好运，于是，就拖着老公、带着孩子一同去参加面试。

面试的结果是：公司以保险业务员的名义录用，不过，如果个人讨厌推销工作，也可以只做计算工作。保险公司的计算工作对柴田和子来讲也是较为简单，主要是企业年金及团体定期保险的计算。就这样，柴田和子决定就到这家公司上班。可是，上班后才发现，根本没有什么计算的工作。

到了上班的第四天，上面通知要大家准备参加业务员的初级课程考试，此时柴田和子才恍然大悟，原来一切都是骗局，公司要的根本不是什么日文打字或具备珠算能力的事务员，而是保险业务员。怎么办呢？是另外找个工作，还是从事自己不情愿的工作？对于其他人来讲，他们也许会责问公司，或者干脆跳槽，或者将这里当成个安身之地，混天度日，抱怨别人不守信用，每天过着牢骚满腹、哀怨凄凉的日子。

　　然而柴田和子经过短暂的思考认为，既然事情演变到这种地步，与其消极地工作，不如积极面对，把保险在自己的心理上转换为梦寐以求的工作来努力。这种心态确实帮了柴田和子不少忙，"不急不躁，既来之，则安之"，既不急于求成，又锲而不舍，一切向前看。

[促发激情 的秘密]

　　很快，柴田和子调整了心态，除了对工作和生活的积极态度外，她还有一个秘密，那就是她渴望拥有自己的房子。而保险推销，或许是上天给的一个机会，如果能好好地利用它，也许就会实现自己拥有一套新房的梦想。

　　能激励一个人不断地奋发向前，或许就是自己的亲情了，柴田合子重视家庭、对父母、亲人的爱，不断地给自己加气，这或许就是她促发激情的秘密。

　　爱情的确是盲目的，柴田和子和先生的认识并不比其他人高明，他们同样认为只要有爱情便可突破一切难关，可是，结婚以后的事情却远非他们想象。结婚是一件很现实的事情，仅仅凭着爱情是不能维持的。

　　柴田和子和先生是在同一家公司工作时认识的，当他们决定结婚时，就面临着必须有一个人要离开这家公司的问题。这在日本是不成文的规定，夫妻俩不能在同一个公司上班。权衡利弊，柴田和子留在了公司，于是，她的先生只好另找出路了。在他们的孩子出生之后，柴田和子辞去了工作，专心在家里当一个家庭主妇，那时的生活就只能靠丈夫一人微薄的薪水来维持了。可以想象，一家4口挤在两间租来的只有6个榻榻米和3个榻榻米大小的房子里，生活绝对不会宽裕。跟90年代比起来，20世纪60年代的整个日本社会是非常贫穷的，他们的生活陷入了赤贫状态。

　　实际上，最令柴田和子牵挂的是母亲。自从1947年父亲去世后，老人家独自一人支撑着这个家，把孩子抚养成人。在柴田和子生小孩的时候，她的哥哥也结了婚，可以说这是母亲一直惦念的一件事。嫂子是大阪人，职业妇女，能力很强，收入也较高，足以应付一家人的开销。然而，嫂子与母亲之间的思想和生活方式却存在着巨大的差异，这不仅仅是代沟，更重要的是两人的成长历史、家庭背景等而导致的观点不统一，就难免出现相互对立的状况。母亲虽然贤惠忍让，不过，却难以在哥哥家里生活下去。母亲与嫂子都是只手撑起艰苦生活担子的刚强女性，个性都很强，所以问题不容易解决。

父亲去世后，尽管是母亲独力支撑着家，但其中大哥的作用也是不可忽视的。大哥很早就感觉到了生活的重担，并协助母亲做些力所能及的事情。母亲一直认为大哥吃的苦最多，所以，对大哥母亲一直怀有一份歉疚，因此为了大哥，母亲可以忍受一切。柴田和子能感觉到母亲内心的苦楚。也因如此，她一直想把母亲接过来，一方面让老人家离开她不愿意待的地方，另一方面，也好让一辈子受苦的她享受一下天伦之乐。然而，细想起来，现在的住处只有两间租来的小房子，又哪里有地方让母亲容身呢？因此柴田和子强烈渴望能够拥有一个属于自己的房子，好接母亲同住，早日能与受尽千辛万苦的母亲共同生活。这个心愿支持着她全身心投入到行销工作中去。

就这样，在艰难的生活压力下，柴田和子为了母亲、为了丈夫、为两个女儿，而开始了漫漫行销之旅。

恐怖支部长
的讲习

　　然而事情却没有想象中的顺利，柴田和子一进入公司就面临了挑战，遇到了一个脾气暴躁而且性格古怪的上司。

　　从进入这个公司一直到上司退休的5年间里，柴田和子所记得的这位上司脸色是晴天的时候都能够数得出来。而她对这位上司一直都是手足无措，每次迈进办公室，就听到他大声怒吼道："你怎么可以右脚先进办公室？"与此同时他还会要求你重新从门外走进办公室。

　　假如被吼的人觉得莫名其妙，反问他："为什么非得左脚先进入办公室呢？"这时，他就会觉得自己的权威受到质疑，就更加怒不可遏，怒吼道："想造反啊？"如果此时闭口不言，又会被他说是"以沉默来表示抗议"。由于他不允许发问，所以，有许多次柴田和子变得进退两难。有时因为不知该怎么处理而请教他时，柴田和子也会遭他劈头怒骂。最终的结果是，即使像柴田和子这样从小受苦受难、遭受欺凌而自认坚强的人也过着一星期哭3天的日子。

　　这位支部长是一位疯狂的巨人棒球队球迷，很准时的，每次巨人队输球的第二天，他的脾气就异常的暴躁，发脾气的方式也就特别恶劣。所以每次在巨人队打败后，他就会不停地找茬，以便发泄自己的愤怒情绪。不过，如果巨人队获胜，不仅仅是他，整个办公室的人也跟着高兴，因为此时不用担心被他找茬，办公室的气氛也就变得活跃起来。他会满面春风好几天，并且会主动慰问你的辛苦，与前一天的他判若两人，令人诧异不已。而且，这位支部长还爱请人吃油沐面条或是喝咖啡。对于别人，也许是唯恐避之而不及，而柴田和子却还是可以接受的，这一点也颇得支部长的赞许，也许孤单的人更加需要理解吧。因为当时的巨人队实力还算雄厚，队里还集中了广冈、长岛在雄及王贞治等著名球星，因此巨人队获胜的几率还是挺高的。而柴田和子也相应地多了一点宽松的环境。

这个支部长还有洁癖，每次在柴田和子打过电话后，他一定会用酒精擦拭听筒。就这样，在保险公司，柴田和子每天都过着一种充满诡异气氛的日子。

然而，也并不是没有办法对付他，他这个人"吃软不吃硬"，当在他指责你的时候，暂且不管对错与否，只要你马上承认错误并向他道歉，那么不论之前他是如何愤怒之极、暴跳如雷，都会立即云消雾散、雨过天晴。

找到了这个窍门，在信后的日子里只要一遇上他发怒："怎么又错了？！"柴田和子就会条件反射一样地马上反应说些"是的""我错了"等之类的话，这样才能平息他的怒火。

整整5年，柴田和子都是在支部长"说讲习就讲习、说跑客户就跑客户"的命令下度过的。即便有时与客户都约好了，支部长的一句话："今天要讲习，不准去——"，柴田和子也就只好取消约会。总之，那时的工作简直是一蹋糊涂。对于那位支部长的轶事可以说是数也数不清，总之他是个很可怕的人。

柴田和子进入公司的时候，支部长已经55岁，距离退休还有5年，而她之所以能够与支部长相处5年的原因，或许就是她的恋父情结吧。因为柴田和子的父亲在她小学四年级的时候就去世了，试想假如父亲还在世，也许在这个年纪一样古怪，每当柴田和子想到这里就会觉得支部长也很可怜，因此决定无论支部长的态度怎样，自己都要忍耐。只要将他与父亲联想在一起，柴田和子就憎恨不起来，想到如果父亲因为这一点傻事就要被迫离开公司，总是于心不忍。失去职业的父亲和他的孩子们，将会是多么凄惨。因此柴田和子决定无论是什么事情，自己都要容忍下去。

然而，失去的和得到的总是相同的，尽管支部长的行为非常怪异，但在业务和教育职员方面却是难得的精英。他讲习时是一对一，最令人难忘的是他异于常人的头脑。他传授给柴田和子的经验都非常具有参考价值的；再加上他每分每秒都盯着她，不容许偷懒，这样柴田和子自然而然也就分外卖力了。可以说，那个时候为柴田和子后来的成功打下了坚实的基础。所以当这位支部长退休时，柴田和子的销售业绩已经达到了"东京第一名"。

成功的 "作弊实践课"

在柴田和子进入公司第二个月，第一生命株式会社首次开办"女子训练班"，柴田和子就成为了头号训练生，在所里接受了一个月的特别训练。讲习课主要传授的内容是"如何无预约造访陌生的潜在客户，即陌生拜访与遭受拒绝时的应对"等课程，每天都是不断地讲课与测验。

比如：当遇上客户对"保险赶不上通货膨胀"有疑问的时候，就应该这样解答："这点我没有意见，但若一味地指责保险价值降低要保险公司负责，这不是很奇怪吗？不随着通货膨胀来调增保险额是您自己的错误，这可不关我的事！"

从课堂上学到的知识让柴田和子耳目一新，她不断有新的体会与理解，慢慢地也能用理论来武装自己。通过这次学习，柴田和子把关于保险业的这些标准说法都认真的记录下来，再不断地温习、巩固，使自己本身能够从正面的角度思考"什么是保险"这个问题，并与自己原来的实践相结合，从而进一步深刻了解如何推销保险和保护自己的利益和自尊，这些对柴田和子今后的保险推销工作有了很大的帮助。

所谓"陌生拜访"，就是在没有预约、电话通知的情况下会见陌生人的一种推销方式。通常陌生拜访的成功几率是非常低的，对于柴田和子来说，这种方式的成功几率为零。在训练学习期间，她曾经半天内陌生拜访17个客户，结果是一无所获，根本是拿不到契约的。她分析原因发现，人们对于陌生拜访者存在太多的警戒心，以及对打搅自己正常生活的厌恶。然而，柴田和子后来却因为陌生拜访获得3000万日元，从而成为了教授们教授陌生拜访的一个经典案例。而实际上，其实那个案例是假的，到底是怎么回事呢？

　　原来，那一次柴田和子被指定了陌生拜访的地区，公司称该地区为甲地区，要求新职员在训练学习期间，从甲地区内签回一件保险合同即可。所以她就动身前往拜访甲地区内某处了。

　　幸运的是甲区是柴田和子以前的客户，因此她在出发前给以前的公司打电话，请社长给对方拨个电话打声招呼。结果可想而知，是异常圆满的，柴田和子一口气签回3000万日元的合同，那时还是一件契约50万日元、百万日元、最多不会超过300万日元的时代，所以3000万元可是一个大数目。

　　这次成功的"作弊"同时也增添了柴田和子的信心，从陌生拜访的失败中同样懂得了人脉关系的重要性，由此她开始了自己成功的新征程。

柴田和子的行销秘诀

在世界保险界有这样的说法："西方有班·费德文，东方有柴田和子"。她之所以会成为东方行销的代表，那是因为她拥有独特的行销秘诀。

首先，编写自己的业务名单。

进入公司的第一件事，就是按公司要求提供300位相识人士的名单。尽管名单上的名字含有虚假的成分，但是柴田和子却凭借着自己的坚韧和诚恳，在300份名单中签下了187件保险契约。

柴田和子始终抱有这样的信念："这个保险是客户最需要的也是最有利的。"她所计划的建议书与金额是对客户最恰当的。她一直想把自己塑造成推销界的TOP SALES，而且对推销的产品拥有绝对的信心。日本幕府时代末期的农业复兴指导者二宫尊德曾经说过："任何产品都应该卖得高兴、买得欢喜。"对于她所推荐的保险，她可以很自负地说："全都是可以让买者高兴的产品。"她从自己踏入这个行业起，就以此为信念并加以实践。

其次，善于利用各种关系牵线搭桥。

柴田和子成功的"作弊课"就说明了人脉关系的重要性。

第三，建立一支超强的行销队伍——柴田军团。

在"第一生命株式会社"中有一群被称为"柴田军队"的人，因为他们是由柴田和子亲自组建而成的行销组合。这一群人大部分由柴田和子招聘而来，当然也有些是经由别人推荐而加入。人数最多的时候曾经有八十多人，这些人全部都是精英行销人员，所以团队整体所创造的业绩远远超过柴田和子个人所创造的数字，这个团队整体业绩常年保持全国首位，蝉联支部冠军宝座。

第四，建立超级啦啦队。

柴田和子有很多支持她的超级粉丝，其中最具代表性的是日产自行车的久米会长。久米会长是柴田和子新宿高中的学长，他为柴田和子介绍了很多他的同学和极具分量的重要人物。还有柴田和子兄弟姐妹的一些好朋友，他们会在各种场合为她广作宣传。他们会在柴田和子成功背后加油助威，鼓励她继续努力。柴田和子承认正是由于这么多的贵人相助，才有现在成功的她。

第五，服装哲学强化形象。

对柴田和子来说，女性的成功与服装是分不开的。

年轻时的柴田和子打扮得比较简朴，对于所有的年轻人来说，青春本身就焕发着一种光辉，因此简单的服装更能衬托出本身的光辉。柴田和子认为过于华丽的装扮对于漂亮的年轻人来说反而会让人觉得难以接近。伴随年龄的增长，柴田和子的衣着打扮才开始华丽了一些。

柴田和子喜欢戴帽子，帽子就是她的标志。柴田和子对于头发的修饰永远很讲究，她认为："头发如果不整理好，身上穿得多么高雅，也很难给对方好印象。"同时鞋子也非常的重要，所谓"看人先看脚"，如果你的鞋子不讲究，会让人一眼看穿鞋子的主人不用心。柴田和子非常注重鞋子的光洁度。

行销人员不能穿得太轻浮，因为很容易带给对方不踏实的印象。但也要注意不能穿得太随便，顾客喜欢赏心悦目的东西。无论怎么说，光鲜的打扮也是一种行销方式。

第六，擒贼先擒王。

找人要找关键人物。一位关键人物或是具有广泛影响力的人物，往往使销售事半功倍。

第七，善用银行开发客源。

柴田和子的行销对象几乎都是通过转介绍而来的。从加入保险业第二年开始，柴田和子就针对银行做了陌生拜访，来开拓新的行销管道。

当时日本大部分企业资本比例相对偏低，需要向银行贷许多款。在银行与企业的权力结构中，银行处于绝对支配地位。所以，银行的推荐变得非常有力量，可以给对方带来很大的压力。

"我是由银行介绍来的，希望您能理解，我是以一个保险业务员的身份，来为贵公司推荐一项非常合适的产品，所以，请您务必针对这项由我为您设计好的保险产品，加以批评、指教，这样对我的成长也会有所帮助。我希望一点一滴地累积这些教训，将来成为日本顶尖的业务员，所以，请您不吝赐教，对我加以指导。"

为了收集企业名称，柴田和子曾经一整天坐在银行柜台窗口前的椅子上，一听到银行小姐喊"××工业公司""××商会"，就逐个地把名称抄录下来。之后再上二楼的贷款部门，请求银行工作人员为她介绍那些企业。

她就是这样一家银行一家银行地跑，脚踏实地努力拜访出自己的成功的。

有一家企业有47位员工，老板是女性。刚开始，对方要求柴田和子设计每月保费2万日元以上、最高不超过7万日元的保单。而结果签下来的，却是每月保费高达121万日元的保单。

这究竟是怎么回事呢？她是怎样做到的呢？原来柴田和子首先推荐的是企业年金、团体定期保险、干部保险等消耗型保险。凡是经过团体定期保险及企业年金保险的人都了解，在签约时可以获得公司全数职员的名单，上面记有全体员工的出生年月日以及进入公司的日期。柴田和子又依据上面的资料，为每一位员工做了个人保险建议书，然后要求承办人为她一一介绍员工。

柴田和子解释说："混合团体保费要比只有5位干部加入保险便宜一成，121万日元的一成，也就是会便宜12.1万日元，这对公司来说也是非常有利的，所以务必请社长及总务长给予协助，让我加点油再找15位凑成20位，因为贵公司有47位职员，应该不是难事。"

"由于混合团体的事务费还可以降低3%，因此实质上来说，保费等于是便宜了大约13%。"

由于可以节约12.1万日元，又获得了那家公司高层主管的协助，柴田和子最后才取得完美的成果。

第八，以"议理""人情""沧海桑田"策略来行销。

最近流行的不是"GNP"，而是"GNN"。所谓的"GNN"是日文"议理"（GIL）、"人情"（NINJOU）、"沧海桑田"（NANIWABUSHI）三个名词罗马拼音的头一个字母的结合。

对行销人员来说，信赖自己的人越多，越有面子。但是往往行销人员只要一生病或是出了什么意外，业绩就会立刻下滑，所以，王座并不是稳如泰山的。柴田和子在进入保险业10年以后，即使每天躺在家睡大觉，她所拥有的保单总额还是第一名。这又是为什么呢？这就来源于"疯女人"柴田和子的勇气。

取得约谈是销售成功的第一步。自从柴田和子荣获"全国第一"和登上吉尼斯世界纪录后，尽管约谈方面相对于从前来说顺利多了，但是也有人会用另一种方式拒绝她，例如送一些礼物给柴田和子，却绝口不谈保险。

从不服输是柴田和子的个性，在每次遭遇"高明"的拒绝后，她总是不断思考如何解决的方法。

有一次，柴田和子给一家公司的经理打电话约见面的时间，经理说中午12点比较合适。中午12点整，柴田和子准时出现在公司里，因为她不知道正面坐的就是公司的经理，便说："对不起，请问经理在吗？"

"喂！哪有人是午餐时间来的。"经理把柴田和子臭骂了一顿。柴田和子反问他："那么经理你所说的中午是几点？"

"中午就中午。"

"你说中午来，所以我准时12点到，因为，我照你的吩咐12点到并没有错。"经理看着柴田和子，心想今天怎么碰上了一个顽固的女人。

柴田和子转了口气："那么12点半好吗？"

"可以。"经理说。

柴田和子赶紧到隔壁快餐店点了一份意大利面，吃完后提前3分钟抵达公司。当12点半到了的时候，柴田和子猛然冲进经理办公室，大声地说："我是'第一生命'的柴田和子，初次见面，请多多指教！"

这位经理身材魁梧，总是给人一种压迫感，所以其他业务员拜访他时，因为过于谦虚，谈不到正题。而柴田和子是他碰到的第一个敢于当场反驳他的"疯女人"。最后，经理接受了柴田和子的建议，当场签署了2亿8000万日元的保单。

从那以后，这位经理成了柴田和子的朋友，为柴田和子介绍了很多的客户。

[充满激情的
销售心得]

人生最难的事情莫过于超越自我，当你的事业达到最高峰的时候，再也看不到前面的目标了，或许就失去了奋斗的动力。而实际上，尽管到达了顶峰，但是下面的人却把你当作了追寻的目标，假如不继续努力的话就会被人超越。使自己的心一直处于自己营造的氛围中，就很难再有新的突破了。

当所有希望又破灭的时候，要不断地鼓励自己坚持下去，告诉自己绝望是成长的踏脚石，要感谢自己没有遇到比现在还坏的情况。人的行为是受信念支配的，而人们所创造的结果是由行为产生的，所以有什么样的信念就会导致什么样的结果。

[充满激情地工作]

超级营销员要拥有积极的人生，并持有积极的信念，保持乐观的心态，直面残酷的拒绝，从一次又一次的打击中挺立过来成就一番恢宏的事业。要做到充满激情，积极主动地工作必须：

不轻易否定。超级营销员们从不轻易否定他人的意见。因为否定别人实际上是否定自己。他们善于从别人的否定中寻找商机。"这个不行""你虽然这么说""不过""可是"之类的言辞是他们的禁语。一味地否定别人只能错失良机，只能扼杀自己的销售生命。

不为自己找借口。找借口实际上是否定自己的能力。要知道，在行销中没有什么是不可能的，当你不行的时候，别人也不见得行。此时就要看谁的耐力强了。"狭路相逢勇者胜"，成功的机缘往往决定于最后一击。假如内心总是想着不可能，做不到，那么你的创造力就会下降。缺乏创造力的行销员是极其容易失败的。他们一旦设定目标就应锲而不舍坚决地完成。

拥有勇气、决心、自信和永争第一的意志。从事行销，必须面对成千上万次的拒绝。所以，成功的营销员最需要勇气、决心和自信，有了这些，才有追求胜利、永争第一的壮志，才能走出困境。业余营销员与职业营销员的区别也在于此。

人格集中体现了一个人的素养，一个人的魅力是通过人格来体现的。养成审慎准备的习惯。

不打无准备之战，知己知彼方能百战不殆。因此，超级营销员都有一套属于自己的收集资料方式，凡是利于行销的资讯相关的知识以及准客户的一切资料都在准备之列。准备充足，才有自信心。自信是一切成功者都应具备的特质。他们了解客户的一切，一旦拜访便胸有成竹，客户提出的各种问题都有解决办法，为客户量身定做方案。审慎准备，临场可以专业形象出现，这也是有责任心的表现。人都愿意与有责任心的人打交道。你要成功，请早点准备，磨刀不误砍柴工。

[向全世界学习]

作为一个领导者，重要的不是发号施令，而是教育下属如何工作，如何思考，如何提高办事效率。

成功的欲望是成功推销员必备的条件之一。

要成为一个合格的推销员，最重要的是要有一颗质朴的心，且不能没有使命感。

超级推销员充满浪漫的激情，拥有积极的人生，保持乐观的心态，直面残酷的拒绝，从一次又一次打击中挺立过来，成就一番宏伟的事业！

客户永远是上帝，服务是取胜的关键！

好的推销员要有创新精神，追求创新，永不满足，销售需要创新！

第三章

全球销售第一

——乔·吉拉德

　　乔·吉拉德是世界上最伟大的销售员，他连续12年荣登吉斯尼记录大全"全球销售第一"的宝座，他"连续12年平均每天销售6辆车"的汽车销售纪录至今无人能破。同时，乔也是全球最受欢迎的演讲大师，曾为众多"世界500强"企业精英传授他的经验，全球数百万人被其演讲所感动，为其事迹所激励。然而，谁能相信，35岁以前的乔·吉拉德却诸事不顺，干什么都以失败告终。他换过四十余种工作，仍一事无成，甚至当过小偷，开过赌场。他从事的建筑生意也惨遭失败，身负巨额债务，几乎走投无路。其成功的秘诀究竟何在？

["我"是 最伟大的]

1929年，乔·吉拉德出生在意大利西西里岛。小的时候，他成天沿街卖报，在酒吧里替人擦鞋，还做过洗碗工、送货员等，除了在街上所学的之外，似乎没有什么可指望了。一直以来，他与父亲之间的冲突时有发生。处于当时的情景，他甚至有点相信父亲认为他不会有所作为的断言，开始变得自暴自弃。幸好母亲及时地反驳了父亲所下的论断，就是因为母亲一句句的鼓励："你能行！"才有了他后来的成功。所以说，如果没有其母亲，就没有今天的乔·吉拉德。

长大成人后，乔·吉拉德做过电炉装配工和住宅建筑承包商，并曾经换过40余个工作，但没有一个能做出成绩的，也就是说35岁以前，他是个彻底的失败者。在背了一身债务又走投无路的时候，他甚至干起了人们所不齿的偷盗勾当。在这条道上混熟之后，乔·吉拉德接手了一家赌场，然而不久，赌场就因为全国性的经济萧条而关门歇业了。

在成为一名汽车推销员之后，其母亲曾对他说：在你成功地把自己推销给别人之前，必须要把自己推销给自己。你必须相信自己，对自己充满信心。也就是说，你必须完全认清自身的价值。这些话了乔·吉拉德很大的勇气和力量。

同时，他母亲还教育他说："吉拉德，你是世界上独一无二的，没有谁和你一模一样。"简单的话语却充满了力量，他对母亲有着一种更加深厚的爱，并深信母亲所说的一切。

没有一个人可以代替你，没有一个人和你的指纹、你的声音、你的容貌或你的个性完全相同。哪怕是双胞胎也绝不会与你一模一样。你是最重要的，你永远是第一。乔·吉拉德每天的工作就是在自己的意识和潜意识里不断强化这一观念。在他的衣服上通常会佩戴一个金色的"1"。有很多人都对这个饰物感兴趣，他们都会问："你是世界上最伟大的推销员吗？"

"现在还不是，然而终有一天我会成为最伟大的推销员的。"乔·吉拉德自信地回答说，"我是我生命中最伟大的！没有人跟我一样。"

在我们的一生中，会有很多不同的对手；在你前进的道路上，也会有许许多多的障碍。在拳击比赛时，假如一方被对方击倒，数至十秒内不能站起来，就将宣告被打败。而在我们生命中的每一时刻，就如同与生活在进行比赛，很多事情就取决于这几秒之间，你可能是胜利者，也可能是失败者，那么为什么不成为胜利者呢？实际上，你不必像你的对手诉说任何的话，你只要积极地告诉自己，你是最伟大的这就可以了。

"我是我自己最好的推销员。"每天乔·吉拉德都对自己说这句话。他希望你也能每天提醒你自己"我是第一"。植物需要灌溉滋养，心灵也是如此。

你认为自己是什么样子，就会是什么样子。同样，你也可以用自己的方式把自己推销给别人，你要对自己充满信心，你是全世界最伟大的产品，你的优秀无人可比。

信心产生
更大的信心

　　乔·吉拉德也遭遇过一次人生的低谷，那就是他的事业在一夜之间垮了，他又变得跟从前一样一无所有，负债达6万美元之多。法院传了一份令状，没收了其全部的家当，银行也要拿走车子。然而，更糟的是，家里连一点吃的都没有，两个年幼的孩子——小乔和格雷丝整日饿得嗷嗷叫。这样的情景仿佛是一场噩梦。

　　到了晚上，一种恐惧袭击着乔·吉拉德，为了逃避银行的人和债主，他把车子停在离家几个街区以外，然后步行至住处的房后，从墙上的一个窗口再偷偷进入屋内，就这样终日鬼鬼祟祟！或许这个场景让人无法想象，但是这是真的，那时的乔·吉拉德就是这个样子！

　　为了躲避即将消失的一切，乔·吉拉德甚至不敢开门，害怕法院送达员把令状送到自己的家。他还跟孩子玩不诚实的游戏，告诉自己的孩子小乔和格雷丝，他们和隔壁、对面的邻居正在玩比赛——一个不开门的游戏，如果谁先打开门谁就输了。然而，这些战术肯定是没有效果的，很快的，他们全家失去了房子、车子，随着它们一起失去的还有乔·吉拉德的自尊。

　　随后的日子里，乔·吉拉德的妻子宣布一点可吃的食物也没有了。那一时刻，乔·吉拉德觉得填饱肚子成了一个多么奢侈的心愿，然而那时的他几乎一点信心也没有。面对极度沮丧的乔·吉拉德，妻子朱丽姬就说："吉拉德，我们结婚时空无一物，不久就拥有了一切。现在我们又一无所有，那时我对你有信心，现在还是一样，我深信你会再成功的。"妻子的善解人意让他重新拾起了摔得破碎的自信。

后来，有朋友介绍乔·吉拉德去一家经销汽车的公司，推销经理哈雷先生起初很不乐意。

"你曾经推销过汽车吗？"他问道。

"没有。"

"为什么你觉得自己能够胜任？"

"我推销过其他东西——报纸、鞋油、房屋、食品，但人们真正买的是我，我推销的是自己，哈雷先生。"

此时的乔·吉拉德已经重建了足够的信心，他并不在意自己已经35岁了，也不在乎人们所认为的推销是年轻人干的这个观念。

哈雷笑笑说："现在正是严寒的冬天，是销售的淡季，如果我雇用你，我会受到其他推销员的责难，再说也没有足够的暖气房间给你用。"

生存的威胁迫在眉睫，同样也使乔·吉拉德变得更加坚强。"哈雷先生，如果你不雇用我，你将犯下一生最大的错误。我不要暖气房间，我只要一张桌子、一部电话，两个月内将打败你最佳推销员的记录。"乔·吉拉德信心十足，但实际上他并没有把握。

哈雷先生终于在楼上的角落给乔·吉拉德安排了一张布满灰尘的桌子和一部电话。就这样，乔·吉拉德重新开始了自己新的事业。

第一次销售是最难最辛苦的。但是一旦成功，以后的发展便有章可循了。就在那时，乔·吉拉德悟出了另一个伟大的真理："信心产生更大的信心。"

殊不知，一张灰尘厚积的桌子和一本电话簿引领乔·吉拉德从失败走向了成功，到达了人生的高峰。哈雷先生无法相信，在两个月内，乔·吉拉德真的实现了自己许下的诺言，他打破了公司中所有推销员的业绩，还偿还了6万美元的负债，同时也买回了自尊！

信心产生信心。在这句话的鼓励下，一年内，乔·吉拉德的汽车销售业绩达到了1425辆，他终于从失败转而成为世界上最伟大的汽车推销员。

在他小时候，乔·吉拉德的父亲总是给他灌输一种消极的思想——"你永远不会有出息，你只能是个失败者，你一点也不优秀。"这些思想让人害怕。而母亲却相反，她灌输的是一种积极的思想：对自己有信心，你绝对会成功的，只要你想成为什么，你就能做到。

从父母那里，乔·吉拉德受到两种相反的力量，这两种力量一方面令人害怕，另一方面却让人产生信心。实际上，每个人的身上都会存在这种两面的力量——信心和害怕，只是或多或少的程度不同罢了。

昨天，是张过期的支票；明天，是还未兑现的期票；只有今天，才是现金，才有流通的价值。当你建立自己的信心时，不能老想着"以后再做"，而是要把握住今天。今天决定你明天会成为一个什么样的你。

因此你要立即行动，从心中永远除去害怕、怯懦的思想，下面几种方法曾或许会对你有帮助。

相信自我：告诉自己"我能行"，把这句话刻在心里，每天大声喊上几遍，让它们扎根在你的心灵。

认识乐观自信的人：这样的人能带给你积极向上的前进动力，任何时候都不会畏惧失败。

坚定信心：信心会让你产生更大更强的力量，这种力量能促使你走向成功。

主宰自己：汽车大王亨利·福特曾说过，所有对自己有信心的人，他们有勇气面对自己的恐惧，而非逃避。你也必须学会这样，坦诚面对自我挑战，学会主宰自己的命运。

勤奋工作：不管你从事什么工作，只有踏实勤奋才能向成功靠拢。

假如你想受人欢迎，那你必须具有绝对的信心，这是非常重要的。信心使人产生勇气。如果我们对自己都没有信心，世界上还有谁会对我们有信心呢？

把自己推销给别人

大家都对拳王阿里非常熟悉吧。1974年，他夺取了他个人的第二次世界冠军。在那一次，他在赛前向新闻媒体放言："我将在5秒之内把对手打败，让他招架不住。"他说这句话究竟有何意图呢？

实际上，他只是在自我推销而已。当他的对手听到这句话时，自信心肯定会受到打击，同时不敢肯定自己。比赛前当裁判解说规则的时候，阿里就开始瞪着他的对手，像是在告诉他："我要给你一点颜色瞧瞧。"这些都是阿里自我推销的一部分。

后来，在和利欧·史宾克比赛时，由于他没有做好自我激励步骤，结果全世界的人都看到了阿里的失败。他的失败在于没有向自己推销自己，他的失败在于未能再度肯定自己是第一号人物。但当他第二次与史宾克对搏时，他记起了这一点，所以全世界的人又都看到他再度夺得世界重量级冠军的头衔。

成功的推销员必须具备推销自己的技能。推销自己有很多形式，但总结起来只有一句话，那就是：喜欢你自己，你将更受人欢迎。

把自己推销给别人是成功推销的第一步，你要特别用心注意的是你给别人留下的第一印象是不是足够好。

你一定看到过经过粗心处理后的包裹，它们掉在地上后，结也松了，纸也破了，当你看到这样的包裹时，或许马上想到里面的东西是否坏了。实际上人的情形也是如此。

为了成功地推销自己，你一定使自己成为大家最想要的样子，要想办法让人家按照你的方式做事，让他人保持与你同样的看法。在你改变他们的观点时，使他们喜欢或尊敬你。

任何东西，只要卖出去就有个买主，把自己推销出去时也不例外。因此你要先站在买者的位置，试问自己：有人愿意买你吗？一个人外在的形象，就是给别人留下好印象的诱饵。你的衣着要与你的职业相搭配，你不仅要穿着得体，还要场合适宜，穿着晚礼服和皮大衣到饭店或剧院会显得漂亮，但如果在白天的商业会议上如此打扮就很可笑。

有一位专业心理医生，她非常注意工作时间的穿着，以博取客户对她有信心。但是到了晚上她的穿着整个都变了——牛仔裤、皮衣、项链、星座垂饰，有时被人认为有点太过，可是她一点都不在乎。你能想象她在工作时间如此装扮的结果吗？她的客户肯定会全部跑光。

然而做任何事情都有个限度，如果超过这个限度那就得不偿失了。同样，推销自己的时候亦是如此，如果把握不好就容易把自己给出卖了。

有一位搞建筑的商人，参加完一座大楼的招标会后告诉乔·吉拉德："吉拉德，我是得不到这笔生意了。"

"为什么？"乔·吉拉德反问道。

"在我旁边有3个投标牌，他们的价钱都比我的低，但是我的价钱已经够低了，我不能用廉价的材料，我可要凭良心做事。这个城市到处是一些危险的劣质建筑，就是由于用的混凝土太差劲，因此我要用最好的材料来做，砂石和盐分都无法侵蚀的材料，因此这笔生意我是肯定做不成了。"

最终的结果是他确实没做到，原因是他不肯出卖自己，但最令人悲哀的是，人们往往为了降低成本，竟然选择了那个"出卖自己"的投标者。

这位建筑师尽管失败了，但他却坚持了自己的原则。推销自己却不要出卖自己，不论你从事哪一行哪一业，只要坚守原则就会取得成功。相信自己，就永远不会输。

承诺就是契约

成为诚实的人所具备的主要条件就是遵守诺言。如果你要受到别人的欢迎，就绝对不可以食言。一个遵守诺言的人，别人会毫无疑问地信任他。

有一个叫阿利克斯的年轻人，他在一家汽车经销商的售后服务部工作，他特别喜欢随便夸口，每当有客户送汽车来修理时，他总是不假思索就说："拉维斯太太！我保证您4点钟就可以把车开走。"

"马森先生！假如10点没有修好或有什么问题的话，我会打电话给你。"

就是这样很简单的承诺，他有时却无法遵守，车子没有在他说的时间修好，或者该打的电话没有打。久而久之人们对他的评价降到了最低点，他们公司的信誉也受到了很大影响。

有一天，他和乔·吉拉德在一家小餐馆不期而遇。他向乔·吉拉德谈了自己的问题："吉拉德，我现正处于困境当中，我感觉自己一定会被解雇。"

"怎么回事，阿利克斯？"其实乔·吉拉德知道他的事情，但还是问了问。

"我的嘴巴给我带来了麻烦，我时常答应客户一些事情，但很快我就忘得一干二净。"

吃过饭后，乔·吉拉德告诉他怎样做才能获得诚实的美誉，以便挽回他可能失去的工作。

"你从现在开始，在一个月之内认真地做两件事情。首先，强迫自己不惜任何代价去实现已经许下的承诺。第二，在做出承诺前，先认真考虑一下你是否真的能够履行这个承诺。"

阿利克斯听完这些话，把它仔细写在笔记本上。乔·吉拉德要求阿利克斯一个月后把情况告诉我。

在离开之前，乔·吉拉德再次强调了如果他确实照着这些话去做的话，至少会有以下几个好处：

事前考虑免得事后受窘。

你会省掉很多道歉或借口。

别人会知道你说话是算数的。

你诚实的形象会光芒闪烁。

一个月之后，阿利克斯如实向乔·吉拉德做了汇报。他很快乐地说："你说得真好，吉拉德，我按照你的建议去做，客户们很欣赏我能够信守承诺，有一个人还夸我是一个真正的老实人。如果碰到困难，我打电话过去告诉他们，他们都非常感激，同时我们的生意也越来越好了。还有就是经理对我很满意，我的工作不再有问题了。"他得意地笑着说。

想要推销自己，首先就是要信守诺言，包括你周围的任何人。因为承诺与实现承诺在人际交往中是最有力量的。你的话就是一把枷锁，而你的一个承诺就是一张契约。所有的契约都是你的义务。

如果你确实无法遵守你的承诺的话，你必须要让对方知道你无法实现诺言的真正原因。把情况解释清楚就会产生温暖的感觉，假如违背你的承诺而又没有任何合理的解释，那无疑会使你的诚信度大打折扣。你毁一次约，下次对方一定不会太相信你，因此你就失去了自我推销的机会。

有一个汽车推销员就尝到了违背诺言的苦头，事情是这样的：

"我想在你这里预定一部新车，因为我要用它作旅行，你能否在7个星期之内把车子运到佛罗里达州？"客户说。

"绝对没有问题，您就放心吧！我保证您能在7个星期后开着它周游世界。"推销员承诺道。

结果呢？车子在11个星期之后才送到，客户足足损失了4个星期的时间。这是多么糟糕的事情！但随后客户发现，这位汽车推销员开始就知道车子不可能在7个星期之内送达。不言而喻，客户对这位推销员的看法是怎样的。可以想象，他可能会永远失去这位客户周围的潜在客户群。

　　承诺是帮助你成功地推销自己的一股强大的动力。事业的成功、人际交往的成功等等都能够通过你遵守承诺的行为而投向你身边。信守一个承诺，有时比登一座高山还困难，然而，一旦你实现对别人的承诺，你就会赢得别人的信赖及周围人的赞赏。诺言，可以使别人对你建立起信心；毁弃诺言，不仅动摇你的信心，还会影响他人对你的看法。

谎言是一把双刃剑

乔·吉拉德1947年1月3日应征入伍，当时他只有18岁。在一次训练中，他被汽车擦伤背部，情况相当严重，尽管后来医治好了，却永远地告别了部队，回到家乡。

离开时，军医问乔·吉拉德这次意外事件的详细情形，还问他以前是不是伤过背部。此时的他如果说没有，结果可能会因此而得到一份政府的伤害抚恤金。然而，乔·吉拉德想起了苏连那神父几年前所说的话——孩子，诚实是你唯一值得骄傲的资本。所以他说了实情：5岁的时候，自己曾在学校里从跳水板上练习跳水，由于跳得不够远，所以在掉进水池的途中，背部撞到了跳水板。

最后的结果是他没有得到那笔抚恤金，尽管在很长一段时间，乔·吉拉德的经济状况不容乐观，然而他的内心却异常坦然。

的确，说真话并非易事，有时说真话会使人的生活陷入困境。然而，如果你坚守事实，不管它会赔掉你什么，你到最后都会是个赢家，最起码你赢得了内心的安宁。下面是说真话的秘诀，它们有助你成功地推销自己。

[对自己真诚]

假如你要别人接受你，你首先要喜欢自己；你如果要向别人推销自己，必须自己先接受自己。在你对别人真诚以前，你应该先对自己真诚。当你走入自己心灵的深处，你会知道你确实不能愚弄自己。而如果你想拿它来试验别人，早晚你会掉在自己挖下的陷阱里面。

[三思而后言]

只要稍加注意，这点是可以做到的。像乔·吉拉德最致命的缺点是说话口吃，你可以想象一个口吃的人在推销时所遇到的困难。

有位邻居给了乔·吉拉德一个很实用的劝告："吉拉德，人们有很多方法治疗口吃，有些人跟着录音带重复句子，也有一些人把小石子放进嘴里练习讲话，但是我告诉你，最简单的方法就是等，想一下你要说的话，然后再说出来。"

这个办法真是产生了效果，乔·吉拉德经过几个月的练习之后，口吃自然而然地就消失了。

[不夸大事实]

夸大事实和说谎之间的界限是很虚无的，有些人吹牛吹得没有分寸，从而失去了真实。更可悲的是，时间一久，这些人也相信自己所夸大的事实了。不要绕着事实作恶作剧，不要在它的边缘兜圈子，更不要歪曲或渲染它。

[不为别人掩饰]

有时候，你可能会遇到别人请求你为他说谎，或者为他们掩饰实情。切记，你不可以这样做。一个最差劲的老板，就是强迫他的雇员为他说谎，而这也是一个雇员要做的最困难的决定：应该为老板说谎吗？应该为朋友掩饰吗？

首先要试着拒绝这样做，那样你将惊讶于自己的诚实和勇气。你的老板可能最惊讶，也许因此对你有一份崭新的尊敬，从此不再要求你为他掩饰。然而，假如他的反应不是这样呢？那么你只能选择一个结果——辞职。当然，你自己在出现错误的时候，也不能要求别人替你说谎掩饰，正所谓"己所不欲，勿施于人"。

[用宽容调和现状]

事实常常是让人难以接受的，但仍然要说出来。"不过"——这个"不过"不是表示可以说谎，它只是表示要缓和事实，使它不致伤害一个人的感情。要说真话，但要避免使对方感到窘迫。这只是换了一个说法而已，同时加上一点仁慈的润滑剂。

当你从事推销时，为什么一定要说真话？这里至少有两个很好的理由：第一，说真话使我们心怀坦荡；第二，说真话是获得别人信任和尊敬的唯一方法。很多人在许多情况下无法推销自己，因为他们习惯用严厉的事实驳倒对方，而没有加上一点关怀。但假如用宽容来调和事实，不但让人感到温暖，同时别人对你也有一份亲切的感情。

你可以用你的优雅风度、社会地位、知识和经历等等，去赢得他人的尊敬。但是，只要你讲的一个谎话被拆穿，你所有的优点马上会被一扫而光。很多人有时乐于向别人撒个小谎，以为没有关系，其实这是很糟糕的。事实就是事实，它跟你是谁或什么职业没有一点关系。

一个推销员做事最坏的计策就是：用谎话不停地渲染和歪曲真实的情况。一个说谎话的推销员或一个半说真话的推销员，很快就会发现自己没有前途，没有客户，同时也没有了工作。不论对假意的奉承还是骗人的借口，人们是不会为它们留有余地的。

[名片满天飞]

NAC成功者大会于2002年7月18日在中国北京召开。当乔·吉拉德上台演讲之前，他让工作人员把自己的名片印了几万份摆放在每一张椅子上。在讲到如何收集客户信息的时候，他不时将名片一把一把往人群中撒说："这也是获得信息的一个途径。"

其实，在乔·吉拉德初入推销界的时候他也不知道该怎样收集这些东西。有人告诉他，请亲戚、朋友购买，再找自己最要好的朋友帮忙。而他并没有这样的亲戚朋友。

后来，乔·吉拉德找到了一种方法，那就是在电话簿上随意查找，也许你会说："随便打个电话根本就没有一点用处。"其实这种说法并没有错，但也不完全对。

有一次，乔·吉拉德在电话本上随便找了个号码，是一个女性的声音接听的。

"喂，你是瓦尔斯基太太吧！我是梅诺丽丝雪弗莱汽车公司的乔·吉拉德，你订购的车子已经到了，所以通知你一声。"

"你恐怕打错了吧？我们并没有购买车子啊！"

"是吗？"

"当然，我先生从未对我提起过。"

此时，乔·吉拉德并没有挂断电话，而是接着说："请问你那里是克拉连斯·J·瓦尔斯基先生家吗？"

"不，我先生的名字是史蒂芬。"其实，吉拉德通过看电话簿就早已明白。

"真对不起，打扰您了。"

这样的电话或许并不能帮助你很快进入实质性的商谈阶段，然而至少可以从中得到对你有用的信息，甚至是让对方知道你是干什么的，假如对方日后有所需要就会主动与你联系。

这种盲目的做法也并不是完全没有用，乔·吉拉德就曾用这种方法成交过一次。那次，正好那位客户已经为买车奔波数日了，因为没有和太太的意见达成一致，所以还没有做出最后决定。

那个电话也是乔·吉拉德随便拨通的，里面传来一个女性的声音。

"可里斯多弗太太吗？你们是想要买车吗？"

"是啊，有这个意思，不过得问我先生的意见。"

……

后来，乔·吉拉德和可里斯多弗太太的丈夫通了电话后，两人又约定了见面的时间，经过不断地努力最终成交了这笔生意。当然这只是一种偶然，更多的时候你只能收集一些基本信息。

入道时间长了之后，乔·吉拉德也摸索出一些经验，只要碰到一个人，他马上会把名片递过去，不管是在街上还是在商店。因为生意的机会遍布于每一个细节。

"给你个选择：你可以留着这张名片，也可以扔掉它。如果留下，你知道我是干什么的、卖什么的，我的细节你全部掌握。"乔·吉拉德常常对别人这样说。因为他始终认为，推销的要点不是推销产品，而是推销自己。假如你给别人递名片时想："这是很愚蠢很难堪的事，那怎么能给出去呢？"当然也就谈不上成功了。

每次去餐厅吃饭，他给的小费都比别人多一点点，同时放上两张名片。因为小费比别人的多，所以人家肯定要看看这个人是做什么的，这个方法会让更多的人知道他。

在体育场观看比赛的时候也是推销自己的好时机。有一次在体育场，乔·吉拉德利用人们欢呼的时候,把名片用力一撒,顿时,他的名片像天女散花般从天而降,纷纷扬扬,景象极为壮观,惹得人们非常好奇,都抢着看他的名片。

有的推销员回到家里,甚至连妻子都不知道他是干什么的,这真是让人不可思议。作为一个推销员,只有让更多的人知道你,你才能更快地成功。当越来越多的人看到你的名片后,用不了多久,在你面前便会有成堆的客户了。

乔·吉拉德的
销售秘密

推销活动真正的开始在成交之后，而不是之前。

推销的要点不是推销产品，而是推销自己。

这两句是乔·吉拉德最经典的名言，然而从这简单的两句话中却能品味出他的销售秘密。

[生意遍布于每一个细节]

乔有一个习惯性细节：只要抓住机会，就会将自己宣传出去，这样才不会放过每一个成功的细节。

[面部表情的魅力]

乔·吉拉德非常注重面部表情，他说："当你微笑时，整个世界都在微笑，要是一脸苦相的话，没有人愿意理睬你。"他认为：面部表情可以拒人于千里，也可以使陌生人立即成为朋友，笑容可以增加人的颜值。

[热爱自己的职业]

乔·吉拉德认为，热爱自己的职业就是成功的起点。他说："我打赌，如果你从我手中买车，到死也忘不了我，因为你是我的。"许多人宁可排长队也要买乔·吉拉德的车。吉尼斯世界大全核查其销售纪录时说：最好别让我们发现你的车是卖给出租汽车公司，必须是一辆一辆卖出去的。他们试着随便打电话给他人，询问他们是谁把车卖给他们的，几乎所有人的答案都是"乔"。更加令人惊奇的是，他们都是脱口而出，就像乔是他们的好友一样。

［ 猎犬计划 ］

乔·吉拉德有一个"猎犬计划"：借顾客之力，寻找新的顾客。成交后，乔总是把一叠名片和猎犬计划说明书交给顾客，并告诉顾客，假如他介绍别人来买车，每卖一辆他会得到25美元的酬劳。这还不算，以后他每年都会收到乔·吉拉德的一封附有猎犬计划的信件，提醒他乔·吉拉德的承诺仍然有效。

［ 体验式销售 ］

乔·吉拉德的诀窍，还在于想方设法让顾客体验新车的感觉。他会让顾客坐进驾驶室触摸、操作一番，假如顾客住在附近，他就会建议顾客把车开回家，让他在家人和邻居面前炫耀一番。这样，凡是试过车的，几乎没有不买的。即使当时不买，以后也会买。乔认为，人都喜欢自己尝试、接触、操作，人都有好奇心，让顾客参与其中能更好地吸引他们的感官和兴趣。

销售就像人生，成功与否就看你是怎样销售自己。乔·吉拉德的销售经会成为你人生前进路上的一盏明灯。

第四章

世界推销之王

——汤姆·霍普金斯

汤姆·霍普金斯是当今世界第一名推销训练大师，全球推销员的典范，被誉为"世界上最伟大的推销大师"，接受过其训练的学生在全球超过500万人。汤姆·霍普金斯是全世界单年内销售最多房屋的地产业务员，平均每天卖一栋房子，3年内赚到3000万美元，27岁就已成为千万富翁。至今，汤姆·霍普金斯仍是吉尼斯世界记录保持人。

父亲眼中的失败者

全世界都瞩目的销售明星在父亲眼里却是一个失败者。这是为什么呢？

原来汤姆·霍普金斯的父亲想让他当一名律师，可因为他生性顽劣，辜负了父亲对他的期望，不但浪费了父亲毕生的积蓄，还被律师学校勒令退学。回到家中，父亲眼含泪水，失望地说："汤姆，你太令我失望了，你这样子是不会取得任何成功的……"

从律师学校退学后，汤姆·霍普金斯在一个建筑工地以搬运钢筋为生，但他始终相信世上一定会有更好的谋生手段，所以他开始尝试销售。在进行销售的前三个月，汤姆·霍普金斯一共才挣了150美元。这样悲惨的业绩维持了整整半年，那时候真是穷困至极，连吃饭都成了问题。沮丧时时刻刻地包围着汤姆·霍普金斯！

当他搜遍了全身所有的口袋，发现只剩下一百多元钱的时候，他毫不犹豫地报名参加了世界第一激励大师金克拉的一个为期五天的培训。谁都没想到，这五天的培训成为汤姆·霍普金斯生命的转折点，在这个培训班里他学到了许多实用的推销技巧，更重要的是，他从中得到了一种巨大的力量——一个真正的推销员是应该不畏艰难，勇往直前的，这让他的人生顿时有了重要的转机。

在培训结束之后，汤姆·霍普金斯成了北极冰公司的业务员，这是一家专门生产冰块的企业。一次成功的销售经历让他至今还不能忘怀，因为他竟然把冰推销给了生活在冰周围的爱斯基摩人——阿默斯林。事情是这样的：

在确定向阿默斯林推销冰块之后，汤姆·霍普金斯立即拜访了他。

"您好！阿默斯林。我是北极冰公司的业务员汤姆·霍普金斯，我想向您介绍一下北极冰,它能给您和您的家人带来的诸多益处。"汤姆·霍普金斯说了自己的开场白。

"这可真是有趣的事情。我听到过很多关于你们公司的好产品,但冰在我们这儿可不稀罕,它用不着花钱,我们甚至就住在这东西里面。"阿默斯林觉得汤姆·霍普金斯的举动非常可笑。

"是的,先生。但看得出来您是一个注重生活品质的人。我们都明白价格与质量总是成正比的,能解释一下为什么您现在使用的冰不花钱吗?"

"很简单,这里遍地都是。"

"您说得非常正确。您使用的冰就在周围,日日夜夜,无人看管,是这样吗?"

"噢,是的。这种冰太多了。"

"那么,先生。现在冰上有我们,你和我,那边还有正在冰上清除鱼内脏的邻居,北极熊正在冰面上重重地踩踏,以及企鹅沿水边留下的脏物。请您想一想,设想一下好吗?"

"我宁愿不去想它。"

"或许这就是这里的冰不花钱的原因,也可以说是它经济合算的原因!"汤姆·霍普金斯故意让他意识到现在用的冰的污染很严重。

"对不起,我突然感觉不大舒服。"

"我明白,不经过消毒,就给您家人的饮料中放入这种无人保护的冰块,您肯定会感觉不舒服。如果您想感觉舒服,必须得先消毒,那您原来是如何消毒的呢?"

"煮沸吧,我想。"

"是的,先生。煮过以后您又能剩下什么呢?"

"水。"

"这样你是在浪费自己的时间。说到时间,如果您愿意在这份协议上签上您的名字,今天晚上您的家人就能享受到最爱喝的却是干净卫生的北极冰块饮料。噢，对了，我很想知道您那位清除鱼内脏的邻居的想法，您认为他是否也乐意享受北极冰带来的好处呢？"

结果可想而知，阿默斯林不但买了汤姆·霍普金斯的商品，还主动帮他询问他的邻居是否需要，尽管他的邻居没有买，但至少他已经认识到了汤姆·霍普金斯所推销的商品的作用。

没有一个推销员一开始就能获得成功，做事情都是循序渐进的。成功的唯一途径就是从每一次的失败中学习经验，靠坚定不移的恒心和持续不断的毅力，最终才能成为一个真正的赢家。

[选择你所爱的，
爱你所选择的]

"选择你所爱的，爱你所选择的。"这句话对推销员来说特别合适，选择一份事业你就必须热爱它，只有这样你才拥有工作的动力和激情。

实际上有很多人为了温饱而工作，但是他们又觉得自己的工作毫无乐趣可言。汤姆·霍普金斯的哲学是，假如你对自己做的这一行没有兴趣，就不要去做。生活应该是充满欢乐的，特别是当你努力为家人奋斗的时候，没有理由不享受工作的乐趣。

销售这行每天都有不同的新挑战要去应付及突破，你根本不知道哪一天你就会有机会，或是什么时候能赢得大奖，或是何时会大祸临头。对销售员而言，每一天都是一个意想不到的挑战，在这个行业中，你会在24小时内，体验从最高点的兴奋满足跌进最低点的失望痛苦，之后再蹒跚地在第二天又爬回原来的高峰。

在从事房产推销后，汤姆·霍普金斯每天都要打15个电话去开发新客户，这样他就可以和7位潜在客户进行初次接触。然后在这7个人当中，至少确定一次销售拜访。此时汤姆·霍普金斯假想，以一星期工作五天计算，假如每个星期可以做5次新客户销售拜访，如果这5次拜访之中有一个开花结果的，那么到年底，他就开发了50位新客户。

当然，这样做是需要技巧的，首先，要充分利用身边一切可以利用的资源，例如从一些商业材料上的公司简介中寻找你的推销目标。推销就是推销，就是找到潜在客户，对他们进行销售拜访。切记：不要过分地把自己的心力投入到无法提升业绩的事情上去。第二，就是立即行动。推销工作的首要之务就是"勤"，如果你不努力，任何金玉良言或大好机会都无法对你有所帮助。

推销工作吸引人的地方就在于它是一种非成即败的赚钱方式。你所经手的每一笔业务，只有成交和不成交两种结果。所以，和潜在客户进行沟通的时时刻刻都必须全神贯注。天下没有不劳而获的事情，但也别陷入"过度准备"的心理紧张中。那么究竟具体该怎么做呢？

简单列出一张行动清单。每天工作之前，先确定自己当天的工作目标，然后去努力达成清单上的每项目标。

保持高昂的工作状态。时刻充满激情。

时刻比别人早一步。每天比别人早45分钟到办公室。你在比别人多出的这段时间内所创造的成绩，将使你感到惊讶。

有目的地行动。运用自己所能掌握的所有资源，之后彻底执行，这已经成为一条千古不变的成功定律。

或许你认为这样紧张的工作安排根本就没有休息的时间，实际上并不是这样，只要你有计划地工作，仍然有足够的休闲时间，但前提是你必须对自己的工作爱到最高点，每天都充满激情。

面对客户推销时你必须要有激情，激情与消极带来的结果截然不同，前者能搭起沟通的桥梁，后者却会毁掉这座桥梁。销售拜访就像其他推销过程一样，假以时日才能渐入佳境。假如你了解当自己和客户做第一次接触时，是什么力量在推动事情的运转，你就会深深体会到，在你们之间的关系与日俱增时，仍须不时让自己散发激情。

自信的谈吐，合宜的视线接触，一个有力的握手和不显唐突、平稳地走动，这些都足以显示你有心培养这份新关系的激情。

赢得客户的芳心

赢得客户的芳心是推销的关键所在，但是大多数推销员尽管明白这一点，却不知道具体该怎样做，有时候，他们就耍一些小聪明短暂地取得客户的青睐，以便取得自己的推销优势，但是这样做并不利于他们长远的工作目标。

要想让客户对你产生好感，赢得他的信赖，你就得用你的行动来证明你是值得他信赖的。

有一次汤姆·霍普金斯和客户约好，在第二天上午9点打电话给他，于是，在第二天的这个时候他准时拨通了客户的电话。等见面的时候，汤姆·霍普金斯想起了以前曾经许诺帮他寻找的一本书。当汤姆·霍普金斯把这本书送给他时，客户有些意外地说："你还记着这件事情啊，我已经差不多忘了。"

"可信度"是靠日常行为的一点一滴积累起来的，假如你答应客户9点给他打电话，那就要准时在这个时候打，而不是过了半个小时后。

很多人都把严格遵守时间看作是一件很为难的事情，所以放弃了最初的激情；相反则有些推销员就会努力做到这一点，并依靠这种持之以恒的精神，来建立他人对自己的信任，最终取得了客户的信赖。

尽管你所做的都是一些不起眼的小事，然而你千万不要认为无关紧要，在你和客户之间发展关系的过程中，客户就靠着这些不起眼的小事来衡量你，这些小事就是你能和他建立信赖度的最好途径。

在你和客户的业务往来中，肯定会发生一些失误，或其他一些不在预料之中的事情，而有些失误是双方共同造成的，这个时候你就要敢于承担责任。承担责任也是赢得客户的最佳方法。

有一位名叫汉斯的保险推销员，有一次，在和他聊天的时候，他曾经说起了他的一件事：

"我的一位客户在购买了一份意外伤害保险后，忘了取回一张非常重要的单据，而我在交给客户材料的时候，所有的单据都是整理好了的，或许是客户过目后遗漏了，于是，这张重要的单据就隐藏在我存有一堆客户资料的文件夹里，之后我就把它放在一边了。三个月后的一天，这位客户在外出旅游时不幸摔伤了，当客户找到保险公司要求赔偿的时候，保险公司要求提供两张证明，否则不予赔偿，其中就有这张被遗忘的单据。实际上在这种情况下，我没有任何责任，我也不知道那张要命的单据就在我这里。后来，我把存放材料的夹子取出进行查找，当客户看到那张单据的时候，生气地埋怨我不负责任。而我却真诚地对他说了对不起，当我真诚的道歉打动他时，他不但没有生我的气，反而更加地信任我，后来他又为我介绍了很多客户。"

相信大部分推销员都曾经遇到与汉斯相似的经历，但并不是都能像汉斯那样，敢于承担责任。

还有一个办法就是在客户面前保持幽默感，微笑对他们似乎有很大的助益。推销员相对于其他行业的工作人员更需要良好形象来开展工作，把一切都看得很严肃，是很难塑造一个良好的自我形象的。

汤姆·霍普金斯回忆了自己的经历。那时，他去拜访一位客户，在他与客户的谈话中，能明显感觉到气氛的单调。此时汤姆·霍普金斯假装用鼻子去闻客户桌子上的花朵，却故意让花朵下的刺扎了一下额头，汤姆·霍普金斯大叫一声："真是幸运哦！"

客户急忙问："怎么了？"

"我的额头被刺扎了一下。"

"那怎么还说幸运呢？"

"哎哟，"汤姆·霍普金斯假装疼痛地说，"幸亏扎的是额头而不是我的眼睛。"

说完，他和客户都哈哈大笑起来。谈话的氛围也明显轻松了许多，推销自然也就能够顺利进行了。

赢得客户信赖的方法有很多，但最关键的是你要把握好一个原则，那就是一切以客户的利益为重，站在客户的立场思考问题，并让对方感觉到你的真诚态度。你是否真的关心与你面谈的客户，这一点对方是非常清楚的。假如没有这种真诚的心态，别人会很容易观察出来。

几年前，有一位和汤姆·霍普金斯共事的推销员，他一直无法取得45岁以下客户的订单。问题就在于，在他的潜意识中，并不尊重那些比自己年轻的客户。尽管他的面谈在表面上显得充满了诚意，客户还是可以感受到他在内心深处对他们的轻视。

你应对客户的问题表现出真诚的关注，提出一些可以表达自己心意的问题，并小心处理这些问题。总之，要表现得光明正大和充满诚意，不要通过一个又一个的问题问得客户喘不过气来，或让他觉得你的关心是虚情假意。

要赚更多钱就是去接触更多的人

　　人脉关系对于销售行业的人来说十分重要，因为自己的销售业绩主要来源于这些固定的人脉资源。作为世界一流的销售大师的汤姆·霍普金斯，他又是怎样利用人脉资源来为成功服务的？

　　第一，赚更多钱的技巧就是去接触更多的人，不断丰富自己的人脉资源。

　　尽管只有少数的销售员会否认前面的说法，但多数销售员却不会这样做，他们知道他们必须每天去约见一堆新人才能成功。但是，他们害怕被人拒绝。实际上这是错误的观念，请你改变这个观念，因为每一次被拒绝，实际上是赚到了钱，你被拒绝的次数越多，赚的钱也越多。因此现在你应该走出去，去会见一些需要你产品或帮助的人吧！你正在走向下一条预期成功的路上。

　　第二，销售就是去找人销售产品，及销售产品给你找到的人。

　　电话销售以及陌生拜访的比率大约是10：1，也就是说，打十个潜在客户的电话可以得到一个面谈机会。不要去问别人的成功比率，不要去和别人比，你只要跟自己比就好了，你要使自己每天进步一点点。

　　只要你把你的成功比率设定好，那就要努力去执行。假如你得到大量的会面机会但是没能做成几笔销售，你可能在未得到有效资格认定之前就失去了机会。在找错销售对象时你无法赚到钱。

　　第三，开发金矿。

　　什么是金矿？被其他业务员遗漏的顾客就是一个金矿，只要你愿意并且能够使用它，你就有享受不完的资源。

　　很多人在销售上失败的原因，就是因为他们不知道追踪跟进。在你公司那些失败的销售员，他们所放弃的客户正能成为你的客户群。只要你开始致力于别的销售员遗留在公司的档案，你的收入就起飞了。你打电话给这些被遗忘的客户，重新建立你们的联系。

第四，做一个本地优秀的公关员。

一位冠军不会固步自封的，不会不关心报纸的头版新闻的。冠军会读当地报纸来引发生意。而且他读报时手中拿着一支笔，因为有成批的人刊登各种消息，他们每一件事对冠军来说都是重要的。

报纸上刊登着许多有关人们升迁的小道新闻，你可以信赖这种通告。读每一则文章，剪下来，之后寄给那个升迁的人，再附带一个短笺道贺恭喜。他们肯定会心存感激。他们不只感谢这短笺，他们可能会非常理解你，在他们收到短笺时的当天你拿起电话打给他们，告诉他们你能给他们带来什么样的帮助，或提供什么样的服务。

第五，交换市场。

你应该凭借你一些最好的客户来建立自己的交易市场，除了一些努力之外，它花不了你什么成本。

选择一些能干的销售员和你作交换。交换包括两个内容：交换客户名单；相互介绍顾客。你要先打第一个电话，告诉销售经理你的想法，问他你应该在他公司找谁做你的交换市场。那位销售经理就会安排某个人作为你的交换市场。

第六，保持联络。

与顾客保持长期联络有三种方法：寄东西给他们；打电话给他们；去看望他们。

大多数的顶尖销售冠军寄出邮件至少十天一次。很多汽车生意的顶尖销售员每年寄给他的客户新的公司产品介绍小册子四到八次。几乎每个大公司都会定期印制小册子让他们的销售员去寄发给他们的客户。

所有的这些邮寄系统能以小小的努力获得大量回报。但是它不能取代电访或亲自拜访的联系方式。用邮寄去保持接触，以及维持你在他们心中的新鲜度。要利用电访和亲自拜访得到最有效的回馈，你必须及时地了解他们的欲望，挠到他们的痒处。

这是销售的生命血脉。

准确把握
销售的规则

汤姆·霍普金斯最经典的销售名言就是：成功者绝不放弃，放弃者绝不会成功。一句话讲出了人生的经典，而不单单是销售的经典。实际上，任何事情都不要轻易地放弃，这样得到的最终结果就是成功的喜悦。

同时，在销售事业上也会有要注意的事项，只有准确地把握这些事项，才能让你的销售事业更加完美无缺。

[不要低估客户]

"今天拜访的那位客户真是太没水平了……"很多推销员都这样评价自己的客户，也许你听到推销员这样说的时候已经习以为常，但是身为推销员，你这种心理意味着你讨厌你的客户，既然这样你怎么可能取得成功呢？

在你没有对客户详加说明之前，客户不会知道你的业务流程，而且仅凭一次面谈或电话联络就妄下断言，似乎太不明智，再说客户凭什么一定对贵公司做进一步的了解呢？只有一个领域是客户所不精通擅长的，这个领域就是他们所面对的难题。而解决客户的问题，正是推销员的使命所在。你必须投入大量时间、精力，以从客户那儿发掘相关的资讯。

从这个角度来说，假如你认定客户一无所知，实在不是聪明的做法。推销员的工作就是了解客户所面对的难题，之后向他们说明自己的产品，或服务怎样能为他们创造竞争优势，进而解决问题。你必须以伙伴的身份，以平等的姿态去执行这项任务。假如带着傲气，或者优越感去做销售拜访，你的这种神态必然会流露于言谈举止之间，必将完不成自己的推销任务。

之外，面谈时要全神贯注对待你的客户，你就能赢得他对你的全部注意力。

［急于成交是大忌］

急于成交是大忌。这个意思是说，失去一笔生意的最简单、有效方法就是在客户还没有完全的心理准备的时候，就急切地推进下一个阶段，表现出成交的急切心情。很多推销员将他们的工作视为一个巨大的销售促成阶段，却未能了解其循环特性，以致鲁莽行事，最后只得丢掉生意。

推销也是一样的道理，有些事情就是急不得，必须耐心等待。否则，你所从事的就不是推销工作，而是接受拒绝的工作。

以汤姆·霍普金斯的经历而言，每笔生意都存在着四个推销步骤。

筛选阶段。也叫做客户开发阶段。在此阶段，推销员要和一位不认识的人联络，之后判断他们是否会使用自己公司的产品或服务。在这个阶段，你可以敲定一次销售拜访的时间，或下一次打电话联络的时间。

销售拜访。掌握客户过去、现在及未来使用公司产品或服务的情况，了解他们最近所面对的难题，发掘有关客户的重要资料。

产品解说。说明自己的产品或服务如何能解决客户在前一阶段所提出的问题，此时可以向他介绍其他客户使用本公司产品的成功经验。

销售促成，要求客户下订单。

推销员或许在一通电话中就会经历这四个推销阶段，也有可能要花好几个月甚至更长的时间，才能从客户开发阶段进入到最后的销售促成阶段。这完全决定于他所提供的产品或服务、所处的产业、所面对的客户、所面临的经济状况等因素。

在推销循环的任何一个时间点，你的目标就是从现阶段跨入下一个阶段。换句话说，在筛选阶段时，你的目标就是向销售拜访阶段迈进；假如处于销售拜访阶段，你就会想尽办法跨入产品解说阶段，之后逐步实现你的推销目标。

[约定下次会面的时间]

许多推销员在第一次与客户见面后，不敢大胆要求与客户下次面谈的时间。你做销售拜访，是受一个目标所驱使——以自己的产品或服务去协助客户解决问题。在第一次销售拜访结束时，这个目标还是存在的。所以，在离开前要求将推销过程推进到下一个步骤，可以说是顺理成章的。

除非在第一次销售拜访时，就得到一个否定的答案，否则总是有机会创造第二次见面机会的。而约好进行下一个步骤的最恰当时机，就是第一次拜访结束时。此时，你和客户坐在一起，很容易就可以商定下次会面的具体时间，所以是不用胆怯的。

做销售就是一个心与心的交流，只要用心地为客户着想，就会取得自己的成功。

第五章

推销巨人
——安东尼·罗宾

安东尼·罗宾（anthony robbins）是世界第一成功导师、世界第一潜能开发大师。主要著作有《激发个人潜能Ⅱ》《激发无限的潜力》《唤起心中的巨人》《巨人的脚步》和《一分钟巨人》等，而且被翻译成数十种译本。

成功前的
经历

安东尼·罗宾本来是一名身世坎坷的穷小子，26岁时仍然住在仅有10平方米的单身公寓里，洗碗盆也只能在浴缸里洗，生活一团糟，人际关系恶劣，前途十分渺茫。但是自从他发现内心蕴藏着无限的潜能之后，生活便开始大为改观，成为一名充满自信的成功者。

现如今，他是一位白手起家、事业成功的亿万富翁，是当今最成功的世界级潜能开发专家。

安东尼·罗宾曾协助职业球队、企业总裁、国家元首激发潜能，度过各种困境及低潮；曾辅导过多位皇室的家庭成员，被美国前总统克林顿、戴安娜王妃聘为个人顾问；曾为众多世界名人提供咨询，包括南非总统曼德拉、前苏联总统戈尔巴乔夫、世界网球冠军安德烈·阿加西等。同时安东尼·罗宾斯的著作在全世界已有数十种译本，受益的人数不胜数，他的著作已经改变了无数读者的命运，让读者活出更精彩和有价值的人生。

但实际上在安东尼·罗宾少年时家境并不富裕，那时候由于他个子长的很快，家里却没有什么钱可以及时做新衣裤，因此他经常穿"七分裤"，在学校里难免要招来同学们的笑话。而且你很难想象的是，他有四个爸爸，原因是他妈妈先后改嫁过三次。小罗宾就像一个"小油瓶"，被妈妈拖来拖去，你也可以想象到那时候他是很难有家庭的温馨与欢乐的。

有一天，安东尼·罗宾实在忍不住问妈妈："为什么我要穿'七分裤'？为什么我要有四个爸爸？为什么我的生活不能像其他孩子一样？！"他妈妈回答说："假如你不满意这个家的话，那么你就从这个家滚出去吧！"

最终安东尼·罗宾在17岁那一年从家里"滚"了出来，当时他高中还未毕业。他摆过地摊，当过餐厅服务员，跑过推销……最终在一家银行担任洗厕所的工作，那时候他全部的家当就是一辆价值900美元的二手旧车——"金龟车"。他只能睡在"金龟车"里面，当然他也交不起"昂贵"的停车费，因此每天晚上必须跑到"7-11连锁店"门口睡觉，因为这家商店门口是24小时免费停车。

终于有一天，他的一个朋友跑来告诉他，有一种课程非常有趣，可以帮助他脱离困境，那就是吉米·罗恩，一个潜能大师的课程，但是收费要1200美元，这对于一个总共只有900美元家当的安东尼·罗宾来说，简直太贵了！

但是他那种想要改变的巨大决心促使他去借钱来修读这门课程，他借遍了所有的亲戚朋友，还包括向四十四家银行提出贷款，但是没有一个人愿意借给他，也没有一家银行相信他能有偿还能力。

最后，他所在洗厕所的那个银行的经理，看到他如此有决心想要改变，就个人掏腰包借给他1200美金，至此之后安东尼·罗宾踏上了一条自我成长的道路。

短短几年后，他已经不用再住"金龟车"了，也告别了后来曾经住过10平米大的单身公寓，他买下了一个面临太平洋的海边城堡，同时还拥有了私人直升飞机……

安东尼·罗宾的目标设定法

安东尼·罗宾的目标设定法使他自己一步一步走向预定的成功，那么他是怎样做的呢？

第一步：首先要解答自己为什么要设定这一目标。成功者在设定目标的同时，也会找出设定这些目标的理由。当他十分清楚地知道实现目标的好处或坏处时，便会马上设定时限来规范自己。

第二步：设定实现目标各阶段的时限。时限会对行动起到督促的作用。一般人假如没有时限来约束自己的话，很难检查出在实现目标的过程中处于哪一个阶段。所以，当明确知道目标之后，便要设下明确的实行时限。

第三步：列出实现目标所需的条件。假如不知实现该目标所需的条件而去执行这一计划则会令你迷惑、不知所措。相反，如果明确自己所需要的条件，就会按部就班地继续努力。

第四步：将目标实现后的远景作为你心底永恒的向往。经过心底强化后的向往已经深入到了你的灵魂深处，使之成为你梦想的彼端。当这种向往积累到一定程度，自然会激发你的无限潜能，创造出超然的行动力。

第五步：列出目前不能实现目标的所有原因，从难到易排列，并思考解决的方法。列出解决方法之后，通常就可以立即采取行动了，而且从这些解答中可以得到你行动的突破口。

第六步：通过外界力量坚定你行动的决心。很多人只是对目标有兴趣，但并未决意一定要实现目标，所以，对于实现自身目标缺乏勇气与自信的人来说，自然无法实现。仅仅是有兴趣不会让你成功，只有"决定成功"才能让你成功。因此，你不妨让了解你的人，以及了解你目标领域的人来鼓舞你，坚定你必胜的信心。

第七步：果敢抓机遇，立即行动。既然目标是经过你长期深思熟虑的结果，就不要再怀疑、犹豫，要不失时机，开始行动。成功只垂青于那些果敢的有志之士。

第八步：清晨规划，夜夜省思。假如每年检查一次实施成果，则一年只有一次机会可以改正错误；若每月检查一次，则一年有十二次机会改正错误；若每天检查一次，则一年就有三百多次机会改正错误。因此，每天衡量次数增多，机会当然会相对增加。

安东尼·罗宾的八个步骤是销售成功的指明灯，只要按照步骤循序渐进地进行，最终就会取得自己梦想的成功。

善于
利用时间

时间是无法挽留的，就像那东逝之水，只可流去，不可流回，当一天结束时，时间不会留作明天待用。如果你想获得成功，就必须学会有效地安排时间，有效地利用时间。

[即时生活]

如何对待人生遇到的各种不幸？安东尼·罗宾提出的忠告就是：把苦恼、不幸、痛苦等认为是人生不可避免的一部分。当你遇到不幸时，你得抬起头来，严肃对待，并且说："这没有什么了不起，它不可能打败我。"其后，你得不断向自己重复使人愉快高兴的话："这一切都会过去。"面对遇到的巨大不幸，要自己宽容自己，这也许是最难对付的人生挑战。

大多数人认为：宽恕他人比宽恕自己做起来要容易得多。没有任何一种惩罚比自我责备更为痛苦的了。请看下列一些例子："以前我对我男朋友关心太不够了，现在每当他遇到我，就故意不理我，我羞愧得简直想去死。""当着婆婆的面我扔掉了擦碟子的毛巾，她一定要我帮她擦碟子，我发火了。现在我十分痛恨自己。""今天在考历史时，我因作弊被人发现，同学们都知道了这事，我感到太丢人了。"至于上述事例，应给的忠告仍然是：过去的事情就让它过去吧，因为你无法去改变它了。记住：坏的东西可以引出好的结果，只要你吸取教训，你便能从中得益。

[抛却过去]

过去的已经过去，"那时"发生的一切绝不再来，你绝不可能回到过去，这一事实太显然了，以致没有必要提及。如果你因过去的事情耗尽现在的时光，而一蹶不振，那么抛弃过去的第一步便是放弃这样的态度。这里面包括改变自己对待现在的态度，而不是人为地努力消除过去确实发生的事情。

比如，你爱人刚刚谢世，自然，你会短暂地感到悲伤。这一损失给你带来的痛苦无法用语言表达，你明白生与死截然不同，这一点不容忽视。此时此刻你必定会感到丧偶之痛，如果没有这种感觉，也就不是人了，或者说你的心已遭毁灭。

但是，如果你无限地陷于这一悲痛之中，不让自己摆脱悲痛，回到现实中来，那么你正在使自己永远处于过去之中，或者说强制性地自焚。悲伤并不能从九泉之下召回你的爱人。

另一方面，如果你认识到自己在某一场合举止不端、粗心或不必要地伤及他人，你可以衷心地道歉，表示自己对这一举止的内疚。要是你无休止地陷入对过去事情的内疚和不安之中，不能自拔，那你就是在毫无生机中行事。

内疚不会使你的生活有半点的改善。你可以从错误中获得教益，可以发誓不再旧态复发，然后致力于现在的生活。

[为今天喝彩]

人的心态常常处在无休止的矛盾之中。自己拥有的东西，无论别人多么羡慕，总觉得平淡无奇；自己没有的却以为重要；而拥有的一旦失去，才想起当初应当珍惜。

"今天"是最容易得到的，就像空气和阳光一样，因而，没有多少人给予它特别的关注。人们往往宁愿沉浸在对昨天的追忆和对明天的憧憬之中而漠视"今天"的存在。"今天"又是最容易失去的，好比青春和美丽。人们对其价值的真正理解总是在它悄悄地流逝之后。

人们或许都曾在钱钟书先生描绘的"围城"内外思进想出。在多数情况下，经过几番折腾，你就会大彻大悟，懂得甘苦与艰辛，明白珍惜与留恋。

因而，失去的爱情可以追回，荒废的事业可以重振，创伤的心灵可以抚平……唯有时光不会倒流，过去的会永远成为过去，今天的会不断地沦为昨天。

比起昨天和明天，今天才是真正重要的。

昨天的辉煌并不能证明今天的价值，明天的灿烂也无法减轻今天的痛苦。一味地沉浸在昨天影子中的人，未来必定不会属于他们；而把全部幸福和希望都寄托在明天的人，明天将永远只能是明天。

我们所需要的是永远地抓住今天，把全部的热情与心血都倾注到现在。

无论是阳光灿烂还是阴雨连绵，无论是瑞雪纷飞还是狂风呼啸，该享受时则尽情地享受，该拼搏时则奋力地拼搏，该牺牲时则无畏地牺牲。这样，你方能无愧于昨天，也无愧于明天。

[你只能把握"现在"]

"时间"随着时代的进步而愈来愈重要了。它十分宝贵，同时也不能积存。

假使把今天的时间虚度过去，那么就永远失去了这个日子。你应该记住，它就是昨天我们想做各种事情的"明天"。

有句话说得好：昨天是一张已注销的支票，明天是一张期票，今天是手上的现金。因此要认清今天是我们唯一能利用的时间，去善加利用吧。

过去的已经过去，不要再去管它；将来则还没有来到，也不要去管它；重要的是现在，正在一分一秒地走过。只要你把握住了现在，那么所有的时间都将被充分地利用，一点一滴也没有浪费掉。

由无数个充实的"现在"组成的历史，是你通往成功的必由之路。

发挥潜能的秘诀就是：抓住现在，不要沉湎于过去。

第一代人都会哀叹他们那一代生活在历史上最困苦的环境下，他们只要抱怨这个残酷的世界，并且把头埋在沙中，就永远不需要卷起袖子来解决属于他们自己的问题了。他们可以把问题归咎于长辈，然后大玩流行的新游戏——"捉迷藏"。在这种游戏中，每个人都要拼命奔跑并且躲藏起来，被捉到的人只好当倒霉"鬼"，然后再去找另一个人来代替他。

拿破仑·希尔对年轻朋友发表演讲时，总要对这些明天的领袖说："所谓'美好的古老时光'就是今天，因为这才是我们生活的日子，也是我们在历史上唯一生存的一段时间。这是属于我们的时代。我不曾向你们描绘美好的一面，也不曾向你们诉说悲惨的一面。我不会向你们灌输过度的乐观思想，只是要告诉你们，生活中的变化是无法避免的。"那么如何抓住今天呢？我们要心存这样的信念：

就在今天，我要开始工作。

就在今天，我要拟定目标和计划。

就在今天，我要考虑只活今天。

就在今天，我要锻炼好身体。

就在今天，我要健全心理。

就在今天，我要让心休息。

就在今天，我要克服恐惧忧虑。

就在今天，我要让人喜欢。

就在今天，我要让她幸福

就在今天，我要走向成功卓越。

生命必须回到现在。

我们的生命非常脆弱，不管是不是我们有意选择，我们随时都可能突然死去，甚至连一秒的预兆都没有。每年有成千上万的人死于车祸。你的朋友或亲戚可能突然卧床不起，死于心脏病，或者患了绝症，"已经宣布"只剩下了6个月的生命。有些人看起来应该洪福齐天，却出乎意料地早走了一步，令人心酸。

如果生命真向我们提供了什么，使我们珍视现在的生活，那么这便是以上所有人生命的脆弱性与似乎赋予整个人类的生存本能的对照。正如结果所表明的那样，人类的生存本能似乎取决于那些在生命遭到威胁时能够完全地生活于现在的人。

特伦斯·德普雷在《幸存者：死亡营中的生活剖析》一书中，记叙了人类经受的某些骇人听闻的遭遇——第二次世界大战中犹太人在纳粹灭绝人性的集中营的境况（当然，我们日常所遇到的问题是非常实在的，通常不必遭受生理折磨或心理蹂躏，使我们放弃一切希望）。进入这样的集中营，几乎谁也难保性命，但在这样的环境下还是有人活了下来，从这些勇敢的人们中，我们的确能够学到即时生活的某些东西。

德普雷在书中总结了少数人活下来的经验：只有从根本上勇敢地回复到最根本的生活，才能使他们在黑暗的地狱中继续生存，一分又一分，一天又一天，一月又一月，一年又一年。时间停滞了（月经周期消失了），地点的意义失去了，心理的自我防御也封闭了。

当你面临生存的考验时，你就会本能地、自发地把每一天、每一分、每一秒的时间都用在同处境的较量上，过去和将来不复存在，存在是你生存的唯一基础。德普雷生动地描述了这一灾难的幸存者，他们像牲口被赶往屠宰场似地长年忍受屈辱。

幸存者之所以幸存，是因为他掌握了某种生存能力，他把自己看作是毫无条理的原生动物，奋力地挣脱大海。他忍受了一切。当他从根本上回复到生命的生物起点时，他发觉生命是美好的。他在必须的奋斗中度过了生命的分分秒秒，他把心神全部倾注于眼前呈现的每一个细节之中：一只搀扶跌倒者的手、一件送给他人的从穿着两件外衣的人身上脱下的外衣、一只鱼头、一碗豆汤、清晨点名时在野草叶片上闪烁的阳光斑点、一个烟蒂头、在路边的小憩。这些不是什么神奇的安慰剂，也不是什么生存者的禅术，而是长期疯狂中的即刻理智，漫漫黑夜里的点滴光明。

看来有些人之所以在活路依然存在时不能幸免，是因为他们不能回复到完全的现在状态，没能发现生命的美好，也没能继续选择生命。

[置身]

即时生活的最后阶段便是付诸实施，即置身。法国存在主义用engage一词来表示，其含义是自己越是深入地投身于这件事情，对这种事的追求就越有积极主动性，自己"从事此事"所运用的内在资源也越多，自己也就更加即时生活。

在你每天投入主要精力的活动中，"即时生活"通常（并非总是）是你达到激发潜能的关键，这种活动就是你的工作、事业、职业、差事，或者你可以另起一个名字。换句话说，如果你找不到一种途径使自己满足于自己的职业，那么，你就会厌烦、受挫折、消沉。下班时间的消闲活动，如业余爱好、自愿的兼职工作，虽然不同于你的职业，但你从中得到了乐趣或满足，找到了志向、意义，并置身于自己的角色之中，这时可以说你找到了一种途径"弥补"八小时工作的乏味。20世纪伟大的无限度诗人罗伯特·弗罗斯特就曾表达了把爱好与职业融为一体的思想。在他的这种作品中，有这样一篇：我的生活目标乃是融合。

我的爱好与职业，犹如我的双目齐举并视。

将爱好与需要合一，工作将如娱乐般激奋人心，创立每一项业绩奉献给上帝和未来。

显然，目前并不是每个人都有幸能找到称心如意的工作。你可能喜爱动物而希望成为兽医的帮手，但方圆五十里所有的兽医都雇满了帮手。这时，你至少得暂时"安顿"在别的差事上。难道你就因此无所事事地抱怨自己的差事，并惦念有朝一日获得真正想要的工作吗？当然不！可喜的是，爱好与职业的结合以及置身于工作所产生的成就不仅取决于你有多大的能力，同时也取决于你有多大的能力做你所喜爱的事情。如果你充分地培养了即时生活的艺术，那么你就能从任何工作中找到意义、魅力和满足。

一位清洁工态度粗暴，猛烈地敲打垃圾桶，阴沟里的垃圾照留不误，而另一位则总是显得轻松愉快、干净利落，并且跟你说："人们所扔的东西令人着迷，过了一千年，考古学家挖掘到这些垃圾时，一定会兴趣盎然地猜测这些废物到底都是些什么玩意儿。"或者说："你看，与这儿相隔几个单元的地方又有一个瓶罐回收处理中心开工使用。"为什么两位清洁工会有如此的不同？对他们而言，垃圾、垃圾车、工资、工头并无两样，所以我想请你解释一下，为什么一个高兴、积极而另一个则沮丧、消极。

对我们大多数人来说，置身于职业是即时生活的关键，并且使许多人超越了年龄的界限，创造出最伟大的艺术作品，获得了最巨大的科学发现，成为杰出的人道主义者。能发挥潜能的人则能够完全置身于自己所做的一切事情之中，小至修鞋，大至登月。

为说明日常生活中置身确实具有的威力，我们不妨举一个例子。你因得了感冒而咳嗽不止、喷嚏不断、流涕不休，与此同时却又有非常紧要的事情要做。这时会出现怎样的情形呢？在置身于你的事情时，你的身体将控制住感冒。

你结束置身后，感冒又卷土重来，鼻涕眼泪奔流不息，不可收拾。当强烈地置身于你所做的事情时，感冒便霍然而止。为什么呢？你可曾注意到，在做不乐意做的事情时是如何的疲倦，而精神百倍地致力于令人振奋的工作时又是如何地忘掉了劳累？你能够通宵达旦地布置房间、撰写重要论著、学习驾驶飞机或游览激动人心的新地方，而很少产生倦意。但当你面对一项令你厌烦的任务时，却会显得疲惫不堪。为什么呢？事实上，答案非常简单：当积极主动地投身于生活时，你就根本没有时间用于生病或劳累。同理，如果你劲头百倍地度过你现在的时光，时间将一闪而过，显然不会有沮丧或忧虑的时刻。在从事心理咨询时，心理医生不可避免地会碰上抑郁症患者，并发觉最佳药方便是某些充实的活动。繁忙的人很少有时间表露自己的情绪问题。当然，过于繁忙本身也可能是一种病症，但这里所持基本思想是，对于情绪骚扰或抑郁症而言，积极地投身于现在便是迄今最为有效的药方。即时生活的能力其实是一种姿态性技能，在日常生活过程中，我们必须培养这种技能。

例如，你在加油站排长队加油，对石油私有制愤愤不平，对中东地区的阿拉伯酋长、石油公司的伎俩、无能的华盛顿官僚机构越想越气，这样你便选择了无用的自我束缚的途径来消耗此时的现在。如果你作这样的选择，那么你仍将呆在加油站发泄你的不满，当然你决定该怎么做完全取决于你自己。难道你不能富有成效地利用这些时间，如写信、看小说，或与排队的其他人交谈，设想别的生活，以免遭石油经营人员的刁难？难道你不能找到另一途径使这一处境对你有利而不是不利？

第六章

传奇人物

——陈安之

陈安之是全亚洲最顶尖的演说家，每小时演讲费高达1万美金，他的演讲激励了无数人奋发向上，突破瓶颈，实现成功致富。同时，陈安之也是全亚洲权威的畅销书作家，著有12本畅销书、视听出版物，曾连续三年荣登台湾连锁书店排行榜冠军，《21世纪超级成功学》《自己就是一座宝藏》堪称当今成功学方法论的典范。在大陆首张VCD《超速行销》在未上市前就被全国各地闻风而动的学员订购了20万套。

莽撞少年
心高志大却碰壁

1967年12月28日，陈安之出生在中国福建省。14岁那年，望子成龙的父母通过姑姑把他送到美国加利弗尼亚州圣地亚哥市留学。当时，美国电视台很流行名人访谈节目，屏幕上的名人们几乎天方夜谭的创业传奇，总是让陈安之热血沸腾。16岁那年，陈安之开始了半工半读的生活，他要在生活中实现"从底层创造奇迹"的梦想。

那年暑假，陈安之拿着报纸上的招聘广告找到了一份餐厅服务生的工作。一次，为客人端茶时，陈安之不小心将杯中的茶溅到了一位客人的衣服上。愤怒的经理吼叫着：假如再出错就炒你鱿鱼！陈安之一气之下"炒了经理的鱿鱼"。

从餐厅辞职后，陈安之一头钻进名人传记的书堆中埋头苦读，希望能从中找到成功的秘诀。在美国开电脑公司的姑姑为了鼓励陈安之，便聘请他去自己的公司做推销员。有一天，陈安之接待了他进公司以来的第一位顾客，并向顾客推荐公司的电脑和售后服务，顾客很满意，决定购买电脑。当顾客来到软件柜台边时，顺手拿起一张软件问陈安之："这个软件有哪些主要功能？使用起来方不方便？要不你给我演示演示？"

陈安之一听，顿时蒙了，在做这份工作前他对电脑一窍不通，软件更是碰都没碰过。陈安之尴尬地对顾客说："对不起，我也不懂。要不等我请教技术人员后再告诉你？"顾客用一种怀疑的眼神看着他："这都不懂你还做什么推销员？我很怀疑你们公司的品质。"第一笔生意就这样失败了。为此，陈安之恶补了电脑知识，但是顾客仍然能问出许多他回答不了的问题。如此反复几次，电脑推销员的工作陈安之也干不下去了。

对于陈安之，姑姑没有责怪，而是鼓励他转行做会计，负责核算工资。姑姑公司的规模不大，就几十个员工，会计的工作并不算难。但是，一次在做工资册的时候，陈安之错加了一个零，致使工资一下子多发出了十倍！无奈，姑姑只好又安排陈安之去做没有技术含量的送货员。但是，多数时间沉浸在书堆中的陈安之是一个"路盲"，送货时经常搞错路线，甚至张冠李戴。最终的结果是，姑姑不得不"大义灭亲"，炒了他的鱿鱼。

不管是在加利弗尼亚州读中学还是大学，半工半读的陈安之都不是优秀的学生，但他却被老师同学誉为"最优秀的疯子"，因为他是有名的"成功狂"！大学时，大家都背着书包去上课，陈安之却提着公文包，穿着衬衫打着领带去卖菜刀。

当同学和老师问他：你包里装着什么东西？陈安之拿出好几把闪着寒光的菜刀往前一伸，吓得别人直往后退。他却一本正经地说："我在打工，我很快就要成为世界上最伟大的菜刀推销员了。"陈安之的举动，让老师和同学们都哭笑不得。

陈安之屡战屡败，但他始终不放弃。到21岁时陈安之已经打了18份工，也失败了18次，他雄心勃勃地为自己设立了40个目标，但是一个也没有实现。

[与安东尼·罗宾
的激情相遇]

只要不放弃希望，就算是无数次的失败也会遇到转机。在失败过18次的陈安之遇到安东尼·罗宾的时候，他转机的时刻来临了。

在陈安之已经穷得快揭不开锅的时候，无奈去向一个欠了他100美元的朋友要债，结果发现朋友负债累累，比他还穷，根本还不上他的钱。两个难兄难弟站在破烂不堪的房间里一筹莫展。此时，一本名叫《激发心灵潜力》的书进入了他的眼帘。书的作者是安东尼·罗宾。

安东尼·罗宾写这本书时才23岁，他曾经一贫如洗，然而24岁时却成为百万富翁，27岁时成为世界超级潜能激励大师，演说一场的最低报酬达4万美元！陈安之诧异：怎么可能有人在一年之内获得这么大的成功呢？巧的是，朋友刚好有一张当天下午安东尼·罗宾演讲的入场券，见陈安之感兴趣，便把票送给了他。

在演讲现场，身高两米的安东尼·罗宾神采飞扬、魅力四射。到个人提问时间了，陈安之那张东方人的面孔引起了他的关注，特意给了他提问的机会。陈安之把几年来屡战屡败的"悲惨"经历说了出来，请安东尼·罗宾指点迷津。

安东尼·罗宾笑了，大声告诉他，同时也是告诉在场的所有人：

第一，过去不等于未来，过去失败了并不代表你下一次不能成功。因此，你要立刻把你过去的历史抛得一干二净，今天就是新的开始。

第二，没有失败，只有暂时停止成功。因此你现在只是还没有成功而已，但你并没有失败。

第三，所有的成功都是采取大量行动的结果，一般人害怕行动，害怕万一失败了被朋友笑话，而你要成功，就必须突破这些障碍。

陈安之犹如醍醐灌顶，顿时茅塞顿开！他激动地跑上台与安东尼·罗宾握手。安东尼·罗宾成了陈安之心中的巨人，他被安东尼·罗宾的魅力与热情所折服。安东尼·罗宾的鼓励让陈安之恢复了自信。最重要的是，安东尼·罗宾教会了他怎样用积极的心态去面对成败得失。

在演讲的最后，安东尼·罗宾说："世界上赚钱的行业很多，但是没有哪一个行业可以比得上帮助别人成功和帮助别人改变命运更加有价值、更有意义。"这一句话改变了陈安之的命运。在大三那年，陈安之不顾家人的强烈反对，毫不犹豫地从大学退学，转而研究成功学、潜能开发、目标设定、时间管理、人际关系、领导力。"以最短的时间帮助最多的人成功"成了陈安之新的奋斗目标。

1988年夏天，陈安之参加了安东尼·罗宾公司的讲师招聘会。面试当天，安东尼·罗宾公司负责招聘的总经理根本没有打算录取陈安之。"目中无人"的陈安之对坐椅上的总经理说："我已经决定来你们公司上班了，你一定要录取我，我一定要成为你们公司的讲师。"

陈安之如此地狂妄让总经理瞪大了眼睛："那你明天再来，明天再说吧。"陈安之咄咄逼人："我离你的公司很近，可以天天到公司烦你，直到你录取我为止！为了减少你的麻烦，你还是现在就录取我吧！"总经理笑了说："你这个人很有趣，我已经说了，你明天再来。"

见对方仍没有录取自己的意思。陈安之就问："这次面试，谁是第一名？""就是刚好从旁边走过去的那位，那个人很年轻，今年22岁。"陈安之马上反驳："我今年才21岁！"话刚说完，总经理站起来大声说："Steve陈，恭喜你，你被录取了。"

后来，陈安之问总经理："我除了有强烈的进取心，什么优势也没有，你为什么还要录取我？"总经理说："最重要的是，你成功的企图心超越其他84位，所以我录取你，并相信你一定会成功。"

陈安之由此认识到，成功的第一个秘诀就是要下定决心。当一个人决定一定要成功的时候，他的潜能才会被激发出来。

要做就做 第一名

尽管如愿进入了安东尼·罗宾公司，但陈安之很清楚自己的劣势，他要从零开始，他知道更大的挑战还在后面。为了尽快进入角色，陈安之开始了疯狂训练。

每天开车上下班的路上，陈安之一边开车一边"喋喋不休"地大声演讲，以致和他擦身而过的司机都好奇地望着他。等红灯的时候，他则更疯狂地对着镜子全神贯注地高声演说，绿灯亮了也不知道，后面的车只好用此起彼伏的汽笛声唤醒他。晚上回到家后，他便站在镜子前练习演说，一练就是三四个小时。

在所有的学习中，"走火"训练让陈安之刻骨铭心。那是在夏威夷，训练场上一块17米长的地面上铺着烧得很旺的木炭，炭火上方铺着一块被火烤得很烫的铁板，参加考验的六百多人全部脱掉鞋袜，每个人都必须赤着脚从铁板上走过去，否则就是失败。

烈火、铁板、赤脚……陈安之联想到了烤肉架上的肉，心里充满了无限的恐惧。见陈安之迟迟不动，已经通过考验的一群美国女学员嘲笑他："中国男人真没用！"这句话让陈安之热血上涌，"豁出去了！"他冲入火阵中，快速跑了过去。

陈安之不明白自己是怎么跑过去而没有被烫伤，但是这次体验让陈安之认识到：很多事情看起来几乎不可能成功，其实只是因为我们没有下定"豁出去"的决心而已。功夫不负有心人，通过近乎疯狂的超常规训练，陈安之终于能自信地面对几千名听众口若悬河了。

两年的时间过去了，24岁的陈安之在安东尼·罗宾的公司里一天比一天成熟，疯狂的训练让他出类拔萃，为公司挣的钱也越来越多。然而，无论怎样，他都只是安东尼·罗宾公司最好的讲师，他不甘心在公司里排名第二，要做就做第一！

1991年，陈安之从安东尼·罗宾公司辞职，准备开创自己的事业。陈安之与朋友合伙成立了"陈安之国际训练机构"，他把公司授权给合伙人管理，他则专门负责演讲。意想不到的是，在公司经营得红红火火时，合伙人却卷着近百万美元的巨款逃得无影无踪。

无奈之下，陈安之不得不又从零开始。他租不起写字楼，只好租了一间大客厅，员工的吃、住、办公都在客厅里。有一次电视台来访问他，记者惊呆了，无法相信名气正旺的陈安之的公司居然在一个破烂房间的客厅里！老师安东尼·罗宾看了这次采访，特意打电话给他，说："Steve，从你身上我看到了从前的我。你一定会成功的！"

1992年，25岁的陈安之举办了一场三千多人的超级大演说，他用了24种推广方法使他的演讲获得了巨大的成功，轰动了美国。接下来，演讲一场接一场，这一年，他赚了100万美元。陈安之的事业如日中天。他在亚洲各国每小时的演讲报酬高达一万美元，而在香港半岛酒店开设超级总裁班课程时，三天的课程每位听课的总裁交纳的费用高达18万元人民币，而且听者依然趋之若鹜。

除了年平均200场的成功励志学演讲，陈安之还给康柏、强生、三九等世界知名企业做营销顾问，为这些企业出谋划策。借助陈安之的知名度和极富创意的策划，一些企业一年之内增收几亿美元！陈安之还邀请潜能专家安东尼·罗宾、人脉专家哈维·麦凯、行销专家赖兹等世界顶级大师一起到世界各地演讲。有这些世界瞩目的"高手"助阵，陈安之这个华人世界的励志专家越发光彩夺目，声名远扬。

成败在于决心，
付出才会杰出

陈安之所有的成功法则中，"绝不裸奔"是一直激励着他自己和团队不断超越的法宝。为树立榜样，他亲自设立了假如达不到目标，就到人最多最热闹的公共场合裸奔的残酷规定。

曾有人好奇地问陈安之："为什么每次达成目标之前要承诺？"陈安之回答："因为承诺可以使自己勇于承担责任，可以让自己断绝后路，可以使自己全力以赴。一个人之所以不够成功，是因为行动力不够好；行动力不够好，是因为痛苦不够多。假如每个人在接受任务时都能够承诺：'如果我不能完成任务，我就裸奔，那世上还有什么做不到的？！'""裸奔"是一种痛苦，更是一种激励。要成功，你必须得有"绝不裸奔"的决心！不要为自己的失信找理由，不要为自己的失败找借口，言必信，行必果。

27岁那年，陈安之成了亿万富翁。同时，他也通过自己的理论让更多的人成为了百万富翁、千万富翁和亿万富翁。到2000年，陈安之已经成为了继戴尔·卡耐基、拿破仑·希尔、安东尼·罗宾之后的又一位成功学大师，华人成功学第一人，被人们尊称为"信心和潜能的激发大师"。

陈安之经常提醒学员，不是听他的课、看他的书就会成功，而是要把书中、课上学到的观念拿去实践，坐而论之后起而行，人生才会有所改变。因为付出才会杰出。

陈安之一边奔走于世界各地演说，一边抓紧每分每秒的时间来加强学习。他疯狂地看书，平均每年要看400~600本书，在候机时看、在飞机上看、在睡前看，年复一年日复一日地坚持着。陈安之说："我的学生来自各行各业，我必须对各种行业都有所了解，因为我永远不知道我的学员会问我什么样的问题。"

陈安之先后拜访了美国前总统克林顿、世界首富比尔·盖茨等超过100位以上的世界各行各业的第一名。陈安之从这些"世界第一"的身上学习、吸收和运用了他们多年来积累、提炼出来的成功经验。这些经验促成了陈安之的巨大成功，他又把这些经验传播出去，使更多的人获得成功。

2001年陈安之首次到中国大陆做演讲，他魅力四射的演讲才华和震撼人心的精辟论述以及别具一格的华语亲和力，让全场笑声不断、掌声不绝。他在中国大陆的首张VCD《超速行销》未上市就被订购20万套。

现在，陈安之最大的使命，是用最短的时间帮助最多的中国人成功，让每一个中国人可以学会成功学，可以过幸福、美满的生活，使中国在21世纪成为世界第一强国，并用爱心，用感恩的心为他的祖国贡献毕生的智慧和精力！

推销名言
与心得

陈安之的执着与坚韧，以及对行销事业的无限热爱，促使他获得了最终的成功。陈安之的行销名言源于生活，源于亲身的实践，领悟他的行销名言，从中寻找自己成功的路径。

要成功，需要跟成功者在一起。

每一分私下的努力，都会有倍增的回收，在公众面前被表扬出来。

要成功，不要与马赛跑，要骑在马上，马上成功。

要跟成功者有同样的结果，就必须采取同样的行动。

成功就是简单的事情不断地重复做。

成功者不是比你聪明，只是他们在最短的时间采取了最大的行动。

成功者，做别人不愿意做的事情，别人不敢做的事情，别人做不到的事情。

只有全力以赴，梦想才能起飞。

领导力不是训练人，是选对人。

别再自己摸索，问路才不会迷路。

过去不等于未来；没有失败，只有暂时停止成功；采取更大量的行动。

相信教练的话一定有道理。

远大的目标非常重要，一定要有成功的企图心，而且越大越好。

成功的秘诀是努力，所以的第一名都是练出来的。HARD WORK!

宁愿辛苦一阵子，不要辛苦一辈子。

成功者怎么做，我就怎么做。

成功需要改变，用新的方法改变过去的结果。

练习时厉害，比赛时就厉害。

问题永远在自己身上。

积极向上是所以成功者的特质。

要成功，先发疯，头脑简单向前冲。

承诺是走向成功的必由之路；用公众承诺的力量逼自己成功。

成功等于目标，等于每天进步1％，等于全方位。

只要每天进步就开始进步了。

没有退路时潜能就发挥出来了。

决定可以克服不可能的事情。

每天只看目标，别老想障碍。

用心观察成功者，别老是关注失败者。

付出才会杰出；为别人创造价值，别人才愿意和你交往。

只向最顶端的人学习，只和最棒的人交往，只做最棒的人做的事。

书本也是好老师，活用才能成功。

行动才能成功，教练改变人生。

第七章

战略鼻祖

——伊戈尔·安索夫

伊戈尔·安索夫，战略管理的鼻祖，在战略管理中的特殊地位最主要表现在对战略管理（Strategic Management）的开创性研究，由于他的开创性研究使他成为这门学科的一代宗师。作为战略管理的一代宗师，他首次提出公司战略概念、战略管理概念、战略规划的系统理论、企业竞争优势概念，以及把战略管理与混乱环境联系起来的权变理论。

[伊戈尔·安索夫
的成长经历]

伊戈尔·安索夫的生平就是随着时间的不断前移而逐步成功的过程。

1918年，安索夫出生于海参崴（符拉迪沃斯托克）。

1924年，安索夫随家庭搬到莫斯科。

1936年，安索夫的全家移民到了美国纽约。

1950年，安索夫加盟美国军方军事智囊机构兰德基金会（Rand Foundation），参与研究美国军事战略的研制和计划工作。

1956年，安索夫进入洛克希德公司（Lockheed Corporation）工作，后来成为该公司的副总裁。

1957年，安索夫根据自己的研究心得在著名的《哈佛商业评论》上发表了一篇讨论多角化经营战略的论文，提出了"产品市场匹配"的概念。

1963年，45岁的安索夫进入卡内基-梅隆大学经营管理研究生院（Carnegie-Mellon's Graduate School of Business Administration），从事专业的战略管理研究和教学。

1965年，安索夫正式出版他的代表作《公司战略》，本书也是他的成名之作。

1972年，在论文《战略管理思想》中，安索夫正式提出"战略管理"的概念。

1973年，安索夫应邀来到比利时的欧洲高级管理学院（European Institute for Advanced Studies in Management）任教。

1976年，出版《从战略计划到战略管理》。

1979年，出版《战略管理论》。该书与1965年出版的《公司战略》、1976年出版《从战略计划到战略管理》，是公认的战略管理开山之作。

1983年，安索夫回到美国，在加州圣地亚哥任美国国际大学（US International University）任战略管理高级教授（Distinguished Professor of Strategic Management），开办战略管理硕士、博士学位课程。除此以外，他还注册成立一家战略管理咨询顾问公司，向各企业提供战略规划和战略管理的咨询服务。

2002年7月14日，安索夫病逝于加州的圣地亚哥，享年83岁。去世前是圣地亚哥美国国际大学特级教授、安索夫联谊会主席、杰米尼（Gemini）咨询公司的董事。

安索夫在战略管理中的特殊地位最主要表现在对战略管理（Strategic Management）的开创性研究，也正是由于他的开创性研究，才使他成为这门学科的一代宗师。作为战略管理的一代宗师，他首次提出公司战略概念、战略管理概念、战略规划的系统理论、企业竞争优势概念，以及把战略管理与混乱环境联系起来的权变理论。因此，管理学界把安索夫尊称为战略管理的鼻祖。

伦敦商学院客座教授加里·哈默尔（Gary Hamel）是这样评论安索夫的：安索夫无愧于公司战略鼻祖的称号。尽管用今天的眼光来看，安索夫的方法过于强调结构完美和确定性，但他毕竟是在历史上第一次运用适当的语言、程序，分析现代工业企业并明确地界定公司战略中的深层次问题，包括公司如何成长，如何寻求合作，如何借用外力等等。著名管理学评论家海勒尔（Robert Heller）把安索夫誉为"战略规划之父"。

安索夫的伟大不仅在于他提出了一套广为学术界、企业管理实务界所接受的战略管理理论和方法（Methodology）、程序、范式（Paradigm），而且在于他能成功地把战略的理论、方法与实践的范式等，引进学术的殿堂里。同时，他还把它们带入企业的董事局、经理室等。在那里，安索夫的这些理论、程序和范式深深地烙进了不少具有影响力的企业家脑子里。因此，深入了解安索夫对于战略管理理论、战略管理实践、营造企业竞争优势和提升企业竞争力等等，都是具有重大理论意义和实践价值的。

尤其是今天，由于战略管理理论与实践的迅猛发展，各种战略管理分支学科、学派、理论、概念、程序、范式等等层出不穷，以致管理实务者、管理理论研究者以及有志于战略管理理论的初学者感到无所适从。在这样的背景下，通过了解安索夫，理解战略管理一些概念的发源、本义和实质等等，是深入理解和准确把握战略管理理论的有效方法之一。

伊戈尔·安索夫的主要著作有：《公司战略》《战略管理概念》《从战略规划到战略管理》《战略管理》《植入战略管理》。其中，1979年出版的《战略管理》和1984年出版的《植入战略管理》两书不仅进一步完善了他的战略管理体系，还为战略管理理论提供了一系列实践方法和措施，使自己的主张得以有效贯彻和落实。

《战略管理》与《公司战略》《从战略计划到战略管理》被公认为是战略管理的开山之作。

伊戈尔·安索夫的战略思想

当今战略管理流派众多、各种观点此起彼伏，著名战略管理学者明茨伯格把这种状况辛辣地喻为"盲人摸象"。在这种情况下，重温"战略管理的鼻祖"伊戈尔·安索夫，从源头上把握战略管理，明白"我从哪里来"是知道"我往哪里走"的最好方法。

1965年，安索夫在第一本企业战略著作《公司战略》首次出版的时候，就明确宣称了他自己的战略管理主张，他认为战略管理的目的就是"发展一系列有实用价值的理论和程序，使经理人能用来经营……商业公司可以凭借这些实用的方法来做出战略决策"。这既是安索夫创立战略管理这门理论体系的追求，也是他个人作为一位企业战略研究者给自己确立的使命。历史证明，他做到了，而且得到世界范围的广泛认同。

谈到企业战略理论，人们自然会联想到军事战略。例如中国古代军事家孙子的军事战略、诸葛孔明的军事谋略等等。的确，企业战略的概念本身就是从这些军事谋略中发端和形成的。但是，安索夫强烈反对把军事战略尤其是军事谋略的那套模式在战略管理过程中简单套用。

我们知道，在军事领域，所谓战略主要是指军事情报搜集、行动计划、方案布局、战场布阵等。军事战略与企业战略的最大不同是，前者以战胜对方为主要目标，而企业战略是以整合资源和创造价值为目标，坚决反对自相残杀的恶性竞争。

并且，在企业背景下，多么专制的"家族企业"都不可能营造"以服从命令为天职"的文化，这些都决定了企业战略与军事战略截然不同。20世纪后

20年，中国也有不少企业通过模仿军事战略来推行企业战略，但没有看到有哪一家收到良好的效果。

不过，军事战略与企业战略的确存在千丝万缕的联系。安索夫在投身企业战略之前，并无直接从事军事情报或军事战略方面的工作经历。但是，他的出生地和首次从事工作的背景性质等，都和军事或情报等有着一定的关系。

1918年，安索夫出生于前苏联时代的远东城市海参崴（符拉迪沃斯托克），父亲是美国驻苏联的外交官，母亲是苏联人。他的童年是在海参崴度过的，对苏联的文化和社会状况有一定的认识。在苏联长大的机缘，使他对当时美国的头号敌人——苏联的军事战略有着胜人一筹的认识，并对两个军事大国的战略较量有了直接的感悟。

1924年，6岁的安索夫随家庭搬到莫斯科，1936年又全家移民到了美国纽约。在美国，安索夫就读于斯蒂文斯技术学院，获得工程数学的博士学位。在学习过程中，安索夫表现出严密的数据分析、数理分析的天赋和能力，数据分析方面的能力使他在情报和战略分析上表现出突出的优势。然而，从安索夫的教育背景看，他最大的可能是会成为一名工程师或者数学家的。

但是，从斯蒂文斯技术学院毕业之后，适逢第二次世界大战刚刚结束。因为安索夫的背景、能力和技能等方面的优势，使他在战后有机会从事专业的战略研制工作。1950年，安索夫加盟了美国军方的军事智囊机构兰德基金会（Rand Foundation），参与美国军事战略的研制和计划工作。

在兰德基金会工作的岁月中，他整天搜集情报、分析数据和制定战略，这是极为难得的训练，为他日后建立其战略理论打好了稳固的基础。当然，假如一辈子为美国军方充当智囊、研究战略，那么他决不可能成为今天的战略管理鼻祖。

1956年，安索夫离开兰德基金会进入著名的航空公司洛克希德公司（Lockheed Corporation）工作，直至后来成为该公司的副总裁。最初，作为公司的战略策划师，安索夫研究并推行了洛克希德公司的产业多元化战略

（Diversification Strategy）。

没过多久，由于成绩显著，安索夫获机会晋升为洛克希德集团公司旗下洛克希德电子公司的副总裁。在电子公司，安索夫按照新业务要求，推出一项与业务有关的组织架构改组，把17个高科技部门缩减为3个部门，裁撤了数以百计的专业工程师。也是在这个时期，他经历了许多影响他人、也影响到自己人生发展的重大决策。

因为组织架构重组，打破了很多人的铁饭碗，他遭受了责骂和不解，也体验了战略执行的困难。没有人知道，洛克希德公司这段时间的历练对他以后在战略理论和实践起了多少影响。笔者认为，至少使他深深地体会了战略规划与管理的妥善与否，对企业和员工都是一样的重要。

有深厚的心理学功底的美国著名组织行为学研究专家安东尼·罗宾曾经说过，个人的历练会储存在他的脑海中，成为他的"生命纤维组织"（Fabricof Life），构成他的信念，使他勇往直前，接受挑战。综合考察安索夫离开洛克希德后，穷尽毕生精力，孜孜不倦地从事战略研究、教学、咨询和推广的经历，可以说，洛克希德公司的工作经历对他一生的影响确实不小。

人们都知道通用公司的杰克·韦尔奇，知道通用公司的变革和辉煌业绩，然而，人们往往对背后的彼得·德鲁克作用因素了解得很少。一样的道理，现在谈到战略管理，人们知道更多的是资源学派、能力学派的振振有词，却极少有人真正去体味战略管理丛林中的核心框架和发展路径。

确切地说，不管后来的战略管理学派如何发达，新名词、新概念、新工具、新方法如何琳琅满目，都难以从根本上取代安索夫在战略管理中所进行的最基本探索：一方面，如何保证理论体系的科学性，另一方面如何使这些理论体系在企业管理中成为有效的应用工具并产生实际性效果。

因为管理学的学科性质影响，理论更新速度是其他各个社会科学学科无法比拟的，各种新理论为了突出自己的价值，都不惜对前人理论进行一番批判。就对安索夫的批判来看，早期批判，如明茨伯格（Henry Mintzberg）的批判是中肯的，但是30年后的许多批判就属于"瞎批判"了。

原因就是公司战略、战略规划和战略管理在安索夫体系中经过多年的不断探索已经不断完善。说得更白些，许多作者所做的批判实际上早已经被安索夫本人批判并彻底改造过了。在这种情况下所做的批判，除了达到标榜自己目的之外还能产生其他的作用吗？

1971年，安索夫又出版了《美国制造企业的并购行为：1946-1965》（Acquisition Behavior of US Manufacturing Firms1946-1965）。该书详细叙述了美国企业在合并（mergers）和采购等方面的行为，在此基础上深入分析了导致合并和采购成败的种种原因。第二年，他又发表了一篇当时颇为引人瞩目的文章：《战略管理概念》（The Conceptof Strategic Management）。他在文章中指出，战略管理措施应全面地应用于企业经营的每一个程序上，而不仅仅是在战略规划（Planning）时才考虑它的适用问题。

1973年，在IBM和通用电器公司的赞助下，安索夫组织了一个跨学科的战略管理国际会议。会上，来自各国的企业管理学者和管理者共聚一堂，针对战略管理提出了各自的意见和心得体会。这次会议可以理解为安索夫战略管理理论形成之前的意见征询会，也可以理解为安索夫为了寻求"分析导致瘫痪"（Paralysis by Analysis）问题答案过程中所进行的一次重要的直接沟通或者访谈。

在充分的个案研究和意见征询基础上，安索夫于1974年出版了《从战略规划到战略管理》（From Strategic Planning to Strategic Management）。可以说，这本书是安索夫多年寻求"分析导致瘫痪"（Paralysis by Analysis）问题答案的一项收获，而这本书的直接来源就是1973年国际会议的成果。

安索夫认为，组织的功能主要是执行战略：所有的事情，包括组织结构和层级，都应按照战略计划进行设计和运行。通用公司就是在安索夫的战略规划主张的影响下，正式设立了战略经理职位的。该职位主要就是负责修订和监察执行该公司的战略规划文件《蓝书》（Blue Book）所制定的相关规划内容。后来，通用公司因此而创造过辉煌的业绩并且维持了相当长一段时间。从中可见安索夫的战略管理的重大贡献。

1973年国际会议后不久，安索夫到比利时的欧洲高级管理学院任教。诚如前述，安索夫为了克服公司战略和战略管理中的问题和缺陷，耗了几十年的探索功夫。

尽管文献没有记载安索夫此行欧洲的最根本动机是什么，但是，我们可以联系他对战略管理矛盾和问题探索方面的努力进行这样的设想：为了从根本上解决"分析导致瘫痪"的问题，他先后研究多个美国案例、举行国际会议进行大范围意见征询、在著名的通用公司等企业进行实验，但是，所做的这些努力都局限于美国背景之下。那么，作为现代工业的发源地欧洲背景是一种什么样的状况呢？所以我们可以做这样的猜想：进一步探索和完善企业战略理论，从欧洲吸收企业战略的优良养分以及在欧洲进一步验证战略理论，这就是安索夫转移欧洲的根本目的。

战略管理
是一种思维方式

伊戈尔·安索夫最早提出了企业制定战略计划是一项独立而重要的管理活动。从这一点上说安索夫是战略管理的开创者毫不为过。他对管理的意义不在于作为学者提出的战略管理的理论和方法，而是把它们灌输到企业家的头脑中，让企业家们认识到企业的未来需要分析、预测并制定计划，而不仅仅是依据过去的报表做出预算。

[安索夫模型]

1963年，45岁的安索夫进入卡内基-梅隆大学经营管理研究生院，开始从事专业的战略管理研究和教学。在洛克希德公司的经历，使他相信"在一个商业企业内存在制定决策的实用方法"。这也成为他写作《公司战略》的原动力，这本战略管理的经典之作成为他的成名之作。

安索夫认为，战略管理与以往经营管理的不同之处在于：战略管理是面向未来动态地、连续地完成从决策到实现的过程。安索夫把经营战略定义为：企业为了适应外部环境，对目前从事的和将来要从事的经营活动而进行的战略决策。因此，安索夫认为企业战略的核心应该是：弄清你所处的位置，界定你的目标，明确为实现这些目标而必须采取的行动。

他把企业战略限定在产品和市场的范畴内，他认为经营战略的内容由四个要素构成：产品市场范围、成长方向、竞争优势和协同作用。他把企业的决策划分为战略的（关于产品和市场）、行政的（关于结构和资源调配）和日常运作的（关于预算、监督和控制）三类。安索夫认为企业生存是由环境、战略和组织三者构成，只有当这三者协调一致、相互适应时，才能有效地提高企业的效益。

安索夫在这些理论的基础上，他设计了安索夫模型，这个模型的核心是通过企业和市场的分析确定有效的企业战略。

[动荡管理]

安索夫数学家式的思维创造出的规范和公式，让战略变成了一道规定解法的数学题，让很多热衷于战略规划的企业迷失在分析中。企业开始抱怨他的复杂的数字方程式、难解的图表、似是而非的答案，没有帮助他们产生预期的效果。

连英国《经济学人》也曾揶揄地说："没有人真正知道战略到底是什么。"显然过分强调分析的规范性，让安索夫的理论陷入了僵化。安索夫自己也承认他的战略规划是"一种不成熟的发明"。

但是，安索夫看到"如洪水般向前发展的技术、世界范围内市场结构的动态变化，以及美国许多大产业的需求饱和"。他断定没有企业"可以认为自己不受产品过时和需求饱和的威胁"。他相信在一个需要应付不断变化的世界里，"战略规划是一种极为有用的管理工具"。

尤其是安索夫注意到，20世纪70年代末美国的市场竞争环境的总体特点就是"动荡"。他认为战略管理的一个重要任务是管理动荡环境，为此他设计了著名的环境动荡模型。针对不同等级的环境动荡问题，安索夫从战略层面、组织层面、生产层面和市场营销等不同层面分析了环境动荡对组织的影响，以及组织在不同等级动荡中的战略需求。

在第一等级的动荡环境中，由于环境是稳定和可以预测的，所以组织的回应能力表现在维持原有的驱动力量、保持稳定性以及不需要变革。但是，当环境动荡的等级升级到扩张、变动、不连续乃至突变，那么情形就发生变化。尤其是在动荡环境处于突变情况下，组织的回应能力就不是保持稳定的问题，而是营造柔性的应变能力以及寻找组织变革的问题了。

同时安索夫开始解决战略带来的各种疑问。为了让企业家们能直接运用，他详尽地提出可以实践的措施方法，列出了制订企业战略的方法体系以及实践清单。为了弥补自己过于宏观的研究，晚年的安索夫对企业活动进行了更具体的研究，他不仅研究战略运用的方法和程序，甚至研究像并购等企业活动成败的原因。

安索夫在学术界和企业界四处出击。在德州范德尔比特大学（Vanderbilt University）的邀请下，他创办了战略管理研究院，招收优秀学生，宣讲战略管理理论，按他自己的话说，要为美国企业培养"改革驱动者"。

1973年，在IBM和GE的赞助下，安索夫召集各国管理学者和企业界人士，召开了战略管理国际会议。会后，他将这次会议的成果编撰成《从战略计划到战略管理》一书。他认为，组织的各个层级都应制订规划，而组织的功能是执行战略。此后他远赴欧洲6年，继续观察和研究企业。

20世纪80年代初，回到美国后，为了让自己的主张得到更多的实践机会，他开办了战略咨询公司，直接向企业提供战略管理的咨询服务，飞利浦、GE、IBM、海湾石油等公司都曾接受过他的战略管理的咨询。

尤其是GE深受安索夫战略管理的影响，不久，设立了战略规划经理一职，负责修订和监督执行公司的战略蓝皮书（Blue Book）的内容。经过十多年的推动，到20世纪70年代初，世界各地超过500家企业实行了安索夫的战略管理的主张，建立起战略规划部门。

1981年，安索夫奖在荷兰设立，以此表彰他对战略策划和管理方面的研究。日本战略管理协会也以他的名字设立了一个奖项，范德尔比特大学还设立了安索夫MBA奖学金。

尽管从投身企业战略之初，安索夫就把他的理想锁定在"发展一系列有实用价值的理论和程序，使经理人能用之以经营，企业可以借此实用的方法制订战略"，但正如伦敦商学院客座教授加里·哈默尔所说："虽然以今天的眼光来看，安索夫的方法过于强调结构完美和确定性，但他第一次提出了适用的语言和方法，现代工业企业因此得以明确地界定公司战略中的深层问题：如何成长，如何寻求合作，如何借用外力等等。"

战略鼻祖的辉煌一生

1983年，安索夫回到美国，任位于加州圣地亚哥的美国国际大学战略管理高级教授，开办战略管理硕士、博士学位课程。直到逝世前，安索夫是美国国际大学特级教授、安索夫联谊会主席，还是杰米尼咨询公司的董事。他的战略管理顾问公司，专门向各企业提供战略规划和战略管理的咨询服务。在教学、研究和提供顾问咨询服务的同时，安索夫一项重要的工作是宣扬他的战略管理理论，目的是使战略管理有效"植入"企业管理界人士的心里。安索夫的这些努力不仅使自己得到很多的实践机会，而且不断扩大了支持者的人数。

2002年7月14日，安索夫病逝于加利福尼亚州的圣地亚哥，享年83岁。俗话说，盖棺定论。时至今日，我们完全可以对这位战略管理的鼻祖进行定性了——当然，是对他企业战略思想的定性，是对他企业战略学术价值、实务意义的评价。

从学术的角度审视战略管理学的兴起和发展，可以说安索夫的最突出贡献在于他对公司战略和战略管理的开创和奠基作用。在安索夫以前，战略规划只是企业管理的一小部分内容，无论是在大学的讲坛上，还是在企业管理实务者的脑海里，都没有多少地位，相关的著作更是少得可怜。

是安索夫把战略规划和战略管理引进管理学的殿堂上，也是他把战略规划和战略管理注入企业管理实务者的心中；更是他写成一本又一本的战略名著，为后来的企业战略学者、实务者提供了不可或缺的"养分"。同样道理，安索夫也是靠这些贡献，理所当然地坐到管理学神殿的台阶上，成为管理学的众神之一，成为后来管理学学者们膜拜的对象。

　　中国目前正处于经济和社会发展的大转型时期，伴随着这种转型是痛苦的期待与躁动。同时，国内战略管理理论研究创新不足，应用研究操作性不强。前者表现在很少有文章清晰界定自己研究成果与现有成果的差异，后者表现在难以界定自己成果的工具应用性质、应用范围和评价方法。

　　这些问题表明，中国战略管理还有待于继续发展和走向成熟。从这个角度看，安索夫的战略管理理论不但给我们提供了有价值的理论资源，而且可以给我们带来成熟的研究理念、研究方法。

　　在1979年出版的《战略管理》（Strategic Management）一书中，安索夫系统地提出了战略管理的八大要素模式：外部环境、战略预算、战略动力、管理能力、权力、权力结构、战略领导、战略行为。他还明确指出，战略管理的本质是把"公司战略"当作对象和功能来进行系统的管理。如果说《公司战略》一书主要是对公司战略的概念、操作方法等等进行系统的阐述，那么《战略管理》则是在14年后，在发展环境高度动荡条件下，对企业战略管理进行系统的研究。

第八章

金牌推销大师

——马里奥·欧霍文

马里奥·欧霍文，世界顶尖推销大师，销售咨询培训专家，曾连续三次获得世界冠军推销员的殊荣。他的销售名言：不要为失败寻找理由，而要为成功寻找方法。

胆怯是顺利签单的绊脚石

　　每个人都会有胆怯心理，世界上无所畏惧的人是不存在的，任何人在面对陌生的环境、陌生的人群时都会产生恐惧心理：会准确无误吗？我能被对方接受吗等等，有许多推销员因此而很难坦然、轻松地面对客户，这都是人性使然，是一种很正常的心理反应。然而，也正是因为许多推销员在最后签单的紧要关头突然紧张害怕起来，才导致了推销的失败。

　　马里奥·欧霍文认识一位朋友叫麦克，他是一名优秀的地产推销员，有一次在聊天时麦克说起了他推销经历中的一件事情：

　　"那次是我与客户商定最后成交的一次会谈，我很有把握，由于在前几次的会谈中我们聊得很愉快，这次假如没有问题就可以签单成交，但没想到的是最后却丢了这笔生意。当我觉得时机已经成熟，我就准备把需要客户签字的几张单据从文件夹里抽出，谁知就在这个时候，我突然有点儿慌乱，内心莫名地紧张起来，这种紧张自然也就通过举动表现出来，我的手变得不听使唤。客户看到我这样一副表情感到很奇怪，进而充满了疑虑。事情就是这样，我的生意因为紧张而泡汤了。"

　　突然产生这种令人失望的恐惧，其实是害怕自己犯了什么错，害怕被客户发觉错误，害怕丢掉渴望已久的订单。恐惧感一占上风，所有致力于目标的专注心志就溃散无踪了！实际上，从打电话约见面时间开始，一直到令人满意地签下合约，这条路上一直是处处充满惊险。因为你急切想得到，所以你害怕会失去。

　　怎样避免这种状况发生呢？无疑只有完全靠内心的自我调节。这种自我调节要基于以下考虑：就好像推销员的商品能够解决客户的问题一样，优秀的推销员应该能帮助客户做出正确的决定。成功的途径有很多，每一条路上，你都需要保持冷静，并且有信心地坚持目标，别怕让客户做决定！即便结果出乎你的意料。

美国一个职业调查机构显示，在客户面前感到胆怯，很大程度上是缘于推销员有一种潜意识的职业自卑感，他们觉得自己似乎是在乞讨谋生，而不是在帮助他人。产生职业自卑感的主要原因是没有认识到自己工作的社会意义和价值。推销工作是为社会大众谋利益的工作，顾客从推销中得到的好处远比推销员多。推销员要培养自己的职业自豪感。

现在你明白了吧！推销人员实际上是个帮助人的好角色——那他有什么好害怕的呢？签订合约这个推销努力的辉煌结果，是双方都希望达到的一个共同目标，各得所需。而推销人员和客户，本来就不是对立的南北两极。

假如一个推销员在推销最后的签约阶段，前几分钟还充满信心、情绪高昂，但现在却是毫无把握、信心全无了。这种情况，通常都是以丢掉生意收场。客户会突然感到推销员的不稳定心绪，借机提出某种异议，或根本就直接拒绝这笔生意。推销员大失所望，身心俱疲，脑子里只有一个念头：快快离开客户！然后心里歉疚得要死：失败了！没能把客户的"不"扭转成"是"。

为了重建自我，他就会东找西找给自己找理由：今天本就不吉利，难免嘛！客户打从一开始就不想要，唉！有什么办法？明天，下一次吧，到时候我一定更加振作！还有后天——后天一定能做到大生意。

在马里奥·欧霍文刚进入推销界的时候，他也有过很多次这样的经历，但后来他发现，假如一个人心情紧张，就必然无法自在地思考！因此要想有所建树，就必须放松心情，注意客户可能传出的信息，以便立刻正确有效地掌握时机。到签约阶段时，要表现出签单是一件理所当然的事，仿佛订单早已落入口袋！在这一刻，推销员和客户，是整个宇宙中仅有的两个人。

世上其他的一切根本不存在了！其他有关订单、销售额、约会等等的念头也一律消失无踪——所有思想上的重担统统都被抛开了。不管这之前推销高手辛苦拜访过几位客户，也不管日后他还有多少客户要面对，此时此地，他面对的是他独一无二的客户，其他统统不算数！客户肯定也能感受到这种气氛。他同样也变得越来越轻松、开朗，对眼前购买决定的抗拒感越来越小。之外，推销员要怀有一个积极平和的心态来看待交易的成败，从而有效避免在生意成交的最后阶段紧张慌乱，使生意失之交臂、无法挽回。

　　实际上，在你感到紧张的时候，你可以设想一下生意成交后的美景，客户对你的服务无比满意，而你也因为做成了生意得到了一大笔佣金，这是多么快乐的事啊！这样的想法将有助于你化解紧张，镇定自若地与客户周旋。

推销成功的重要因素

与客户交往时，赢得客户的好感对你的推销起着决定性的作用。大部分情况下，你必须充分尊重对方。尊重对方的表现形式有很多，但最起码的是，在任何时候，你都要准确地叫出对方的名字，若能正确无误地叫出别人的贵姓大名，你就等于进到了他的内心最深处。万一在介绍时没能完全听清楚客户的姓名，要立刻礼貌地问清楚！

什么是你最佳的名片？你的声音，你待人接物的方式和你的外表！说服别人的艺术要靠这些，是这些造成你给他人印象的好与坏。有良好待人处事能力的推销员，会散发出亲切体贴的气质和可信赖感，因为能够见到一位穿着优雅的人总是件令人高兴的事。

一个人的内在价值、个性行为等等虽然重要，但别人要经过长时间的交往才能评断，最直接且最迅速造成印象的，则是他的外表形态。而个人的穿着打扮和身体动作则是决定他外表形象的重点。推销员是否受到其谈话对象的重视、尊敬和好感，或者是反感藐视，看外表就差不多确定了。正所谓人要衣装，佛要金装！一项缺陷会影响其他方面，如果两项缺陷合在一起，就构成了推销员的致命缺陷。因此，推销员一定要从穿着打扮和调理外表着手，从头到脚，处处都整洁得体。

人都是先看外表的。外表体面的推销员，卖的商品应该也不错，每个客户都会这么想！如进来的是个穿着随便的邋遢家伙，自然不会有人相信他会有什么宝物。任何事情都要适度，个人装扮也是如此。曾有一些身穿成套名牌服装的推销员，打着名家特别设计的领带，举手抬臂之间，腕上劳力士金表金光闪闪，配着引人注目的流行艺术图案袖扣等等……

打扮过了头的推销员，让人在内心里就感到讨厌，客户觉得自己矮了一大截，难免心生排斥，甚至会产生这样的疑虑："我可别让这家伙骗了！"炫耀摆阔通常会让人起反感，运气好的话，也许会碰上喜欢摆阔的人。然而，遇见这样天真幼稚的客户倒十分少见。

要想成为一名推销高手，你必须要相信自己是最优秀的，同样也要让别人知道你的优秀，因此，你要时刻注意自己的衣着打扮、举手投足是否符合一个优秀者的标准。优秀的推销员善于使消极状态转化成活跃状态。只要踏入客户房间，他就会散发出自信风华，就会建立起客户的信任与好感，而信任与好感正是业务往来的前提，能让客户对你油然产生一种期望。

在与客户接触的时候，给对方留下一个良好的第一印象，生意就成功大半了。会谈时，不要对客户曲意奉承，也不要对自身的缺点加以掩饰。没有哪个客户能在刚交谈时就判断出一位推销员在专业方面的优劣，但是，他的态度是否能得"人心"是立见分晓的！因为要给客户制造第一印象只有一次机会，是没有第二次机会的。

在推销活动中，推销员如何给客户打电话也是决定推销成功的关键一环。推销员给客户打电话之前，事先把要对客户说的话列在一张纸上，作好充分的心理准备，同时也要设想好可能会碰到什么样的拒绝借口或理由，以便到时候能迅速应对。面带微笑地和客户通话能让你的声音听起来生气勃勃，极有自信并且有说服力，和气友善和彬彬有礼的态度当然是绝不可少的。同时应理直气壮，因为你是要为客户带来利益的，不要因为冒昧打扰而心怀歉意。

针对不愿敲定见面约会的客户，客户通常都会在电话上一而再、再而三地不断拒绝见面。那么怎样才能说服他呢？

有一天，马里奥·欧霍文打电话给一位客户想约他出来见面，当他提出见面请求后，客户说："对不起，我没时间！"

"我理解！我也老是时间不够用！不过，只要3分钟，你就会相信，这是个对你绝对重要的议题……"

"我现在没空！"

"奥格先生，美国富豪洛克菲勒说过，每个月花一天时间在钱上好好盘算盘算，要比整整30天都工作来得重要！我们只要花25分钟的时间！麻烦你定个日子，选个你方便的时间！我星期一和星期二都会在贵公司附近，所以可以在星期一上午或者星期二下午来拜访你一下！"

"这个……我没兴趣。"

"是，我完全理解，对一个谈不上相信或者手上没有什么资料的事情，你当然不可能立刻产生兴趣，有疑虑或者有问题是十分合理自然的，让我为你解说一下吧。星期几合适呢？……星期一或者星期二过来看你，行吗？"

"好吧！不过我想你可能要白跑一趟，原因我没有钱。"

"噢！我了解。要什么有什么的人毕竟不多，正因如此，我们现在开始选一种方法用最少的资金创造最大的利润，不是对未来的最好保障吗？在这方面，我愿意贡献一己之力，我星期一来造访还是星期二比较好？"

"那就星期二下午吧。"

当他们见面的时候，马里奥·欧霍文并没有向他推销产品，只是简要地介绍了一下，让他明白拥有这种产品的好处。那次他们的谈话特别愉快，后来，我正式向他推销的时候，几乎没费什么劲就成功了。事后，他问马里奥·欧霍文为什么在第一次见面的时候不向他推销，马里奥·欧霍文笑而不答，因为他那时知道，假如不掌握好推销时机，他就不可能成功。

在和客户通话的时候，说话尽量要简明扼要，首先报出你的姓名和身份，如果对方是刚旅游回来，你可以这样说："我的天！比尔先生，夏威夷的阳光好美丽，以至于把你的皮肤晒得如此健康。"虽然你并没有见到他，你也要夸张地这样说。当然你不要拘泥形式，要做到随机应变。如此，气氛马上就热乎起来，然后话锋一转，说出来电话的本意。

只要敲定见面的时间，就要结束谈话。值得一提的是，有很多推销员并不懂得怎样才能完美地结束谈话。其实这很简单，在谈话接近尾声时，向他表示感谢！同时做个表示肯定的评语，例如"很期盼到时候能跟你讨论"等等恭维的话。谈到这一步，见面预约才算基本搞定，接下来你就要做好与客户见面的充分准备。见面时最重要的一点就是要让客户觉得你是一个值得信赖和充满热情的人。

在和推销员会面之前，客户对自己要扮演的角色早已了然于胸，甚至准备充分。相反，推销员要使他脱离他的角色，必须在一开始就给人极深的印象。最初的会面接触实在是最最重要的时刻，你要以一种自信的态度，向客户微笑着迎面走来，挺直的身躯正是表示出自信的最好方式。空着双手的话，会使你在行动上快速利落，在手臂运用上会容易得多。所以，销售文件、目录、公事包等等应该一开始就先找地方放下来。

你要友善而有力地和客户握手、问好，同时要露出亲切的微笑，双眼直视客户，说话声音要清楚响亮。最重要的时刻是与客户握手相见后的短暂瞬间，因为你是有备而来的，是特地来和客户相见、交谈的，直到签完约才要离开的。这个信念，要在双手一握中表达出来。

确实会有客户能够在握手时清楚地感觉出对方的决心，因而一开始就对他产生了尊敬之意。

不少优秀的推销高手是伸出双手走向客户的，他们用双手去握住客户的手，并用肯定的语气表示："我得亲自体会一下握住一双成功的手是什么滋味！"这样一句开场白，立即就让客户绽开笑容，心里备感舒服，觉得自己有义务附和一下人家的赞美。

在进入谈话后，远离生意上的主题时间越长，就越能建立起私人的亲密关系，也就越能引起客户的浓厚兴趣。

高明的推销员在引导话题上都能表现出相当的知识水准。这种能耐，表明推销员拥有丰富的知识。要是他能为客户提供一些崭新的信息或知识，那就更让人印象深刻了。你可以表现出不经意地透露了某种专门消息，而且只是针对这位客户独家服务。不过，推销员也得注意在这方面绝对不能显得过分卖弄你的博学多才。

曾经一位推销员，他在大学学的是形而上学之类的东西，聊起天儿来旁征博引，口若悬河。有一次，他去拜访客户，在和客户交谈中，当谈到他感兴趣的话题时，他充分显示了自己的口才，客户却插不上一句话。结果可想而知，推销当然以失败告终。

最明智的做法是推销员让客户多讲，自己少说，这样，客户就会觉得自己是被重视的，就越能对你敞开心胸。客户说的越多，你就能从中捕捉到更多对你有利的信息。在与客户言谈之间，你要有目的地谈话，不可随心所欲，否则随意性的交谈只能变成无用的闲谈。

总之，在推销中，要善于捕捉并利用一切对你有利东西，让这些正面的因素帮助你走向成功。

成为推销
高手的秘诀

不要为失败寻找理由，而要为成功寻找方法。

——马里奥·欧霍文

二十多年来，马里奥·欧霍文在金融服务业界工作，有幸认识和训练过的业务员不下数千位。一般其他"有成就的讲师"通常只是在或长或短的研修班上和学员相处几天而已，但马里奥·欧霍文会在他的学员正式上场实习时，还陪他们很长一段时间。有些学员成了他的员工，一直到现在还在公司里服务，所以他更有机会仔细研究他们的发展和事业成就。

其中有不少人，几年下来就赚进了上百万美元，甚至有几位每年都能分到不止一百万的奖金。在这一行，他们确实是行家，也就是所谓的推销高手。这种人，在任何其他生意上一定也会有可观的收益。谁不想赚大钱？在你怀着发财梦、抱着这本书想登上高收入列车前，马里奥要给你一个忠告：真正的推销高手，无论是哪一种行业的，最先的着眼点不在于物质方面。在世界上杰出的推销员中，没有一个是抱着在短时间内迅速发财的心态进场的。

世界顶尖大师也是个普通人，只不过是失败的次数多了成就了他过人的特色与能耐，秉持这些，才造就出他的杰出超凡。推销失败是不可避免的，但问题不在于失败，而是你对待失败的态度。有些推销员把失败看成是自己无能的象征，把失败记录看成是自己能力低下的证明，这种态度才是真正失败的根源。如果害怕失败而不敢有所动作，那就是在一开始就放弃了任何成功的可能。

推销员和运动员一样，面临的不是成功就是失败两种结局，但这并没有什么了不起，成功的道路是由无数个失败组成的。面对失败，保持信心，坚持不懈地干下去，这样失败就会成为你最好的老师，成为取得成功的动力。

推销是一个既赚钱又绝对光明正大的行业，再没有别的行业有这种更能让人快速升迁、得到高薪的机会了。何况，快速发展的社会需要很多优秀的推销人员。然而，真正优秀的推销员却很少。成为高手的先决条件，是本身心理上的认知，因为有了乐观的人生态度才能衍生出其他优秀的品格。

推销成功的许多因素中，能激起顾客的兴趣就占了七成。先为自己奠定下根深蒂固、不可动摇的快乐人生观，其他诸如意志、能力等特性几乎就不寻自来，连强烈的自信心也一样油然而生。

拥有乐观的人生态度，你就根本不会瞻前顾后，因为你有坚定的意志，有能力、有求知欲，对什么都有兴趣，面对别人自信十足。其中原因很简单，因为你兴趣盎然，早晨起床时自然会满心欢喜，知道又有一个丰盈的日子。

这份泰然自若就是自信，会使你自然而然地对周围的人发出你想象不到的影响力。优秀的推销员会传递一种快乐进取的力量，因为他自己就像个源源不绝的快乐人生的能源库存。他是一个具有极大生活乐趣的个体，足以影响他人的行为。

一个优秀的推销员会一开始就定好目标。当然他是合情合理地估算过自己的目标的，这个目标确实可行，并非是定得过高的空中楼阁，所以他全力以赴，毫不退让，无论如何都要达成！优秀的推销员，就某种意义而言，可以说是强有力的推销员，但绝不会是让人有压迫感咄咄逼人型的推销员。

推销是一种技能，而高效推销是一门艺术。推销高手具有积极创意的个性。

有人说要想成为一名优秀的推销员必须具备一定的表演天赋，这话有一定的道理。对推销而言，整个世界就是个大舞台，与推销员演对手戏的就是每天面对的不同客户，如果想让自己的演技出色，除了乐观的人生态度和社交沟通的能耐之外，还要有厉害的表演细胞。

另外，推销高手一般都善于倾听，他们往往会谨言慎行，但绝不会犹豫不决，一旦有了明确的目标，他们就会像发现兔子的猎狗一样，全力以赴，直至成功。

与客户
沟通的技巧

在推销中，沟通失败的例子有许多，其中的原因又何在呢？马里奥·欧霍文对所谓沟通失败的描述如下："不被客户接纳，或者客户不了解，所说的东西全部无效。造成这样沟通障碍的原因是语言表达上的态势太弱，声音、表情或阅读技能不足，遣词造句不当，或者是沟通对象根本缺乏兴趣。"

在第一次与客户接触时，与客户间建立起"信任"或"好感"的桥梁是至关重要的。同时，应该先点明客户对这份产品需求的迫切性，进而引起客户的购买欲望。几乎所有的推销员都认为在所有与推销有关的环节中，最困难的莫过于和客户的沟通。其实，成功的沟通之所以困难，是因为彼此环境不同，立场各异。

马里奥·欧霍文在很多推销员训练场合看到这样的标语：客户——你的对手。

仔细想想，这样的观点准确吗？对手是用来战败或者消灭的，在战场上你可能认为这很光荣，但在生意场上打败客户，对你来说却是一种灾难。实际上，真正的谈判是温柔的，没有杀机的，客户也想成为这场交易的胜利者。所以，你要充分发挥与对方沟通的技巧，以尊敬、友善的态度面对客户，同时也要让客户充分感觉到你为他付出的努力。任何买卖只有出现双赢的局面才能保持长期的业务往来。其实，这是个简单的常识，这里之所以重申，是因为每天都会有推销员一再犯这个错误。

推销员的个人修养也决定他能否与客户进行良好的沟通。马里奥·欧霍文曾遇见一个推销员，在他们的谈话中，对方居然朝办公室门后旁若无人地吐了一口痰，马里奥·欧霍文对这位推销员的好感顷刻之间荡然无存。为了尊重他，马里奥·欧霍文并没有流露责怪的表情，只是提醒他注意卫生。谁知过了一会儿，他拿起桌下的一块桌巾蹭了蹭满是灰尘的鞋子。马里奥·欧霍文忍无可忍，立即毫不客气地把他请了出去。你可以想象一下，假如一个推销员在你的办公室里做一些不卫生的举动，你还有耐心和他交流吗？

通常情况下，人的目光也是沟通的手段之一。当我们初次见到一个陌生人，在目光接触的那一刻往往就能决定彼此日后的关系是敌是友，这听来似乎不可思议，但却是真实存在的。

不知道你是不是有过这样的经历，在你初次见到一个陌生人的时候，当你们的目光相遇的刹那，你就对他产生了好感，而在其他场合，你见到另外一个陌生人的时候，你的内心就会对他产生一种疏远。因此，目光的运用对言语的说服力有非常大的增强效果！想要传达说服的意念，眼神和言语同样有效！

在你与客户的谈话中，若彼此长时间避开目光，会是相当危险的事，这最起码表明你们的谈话没有任何效果。做销售拜访的时候，推销员说话的语气和声调也是能否得到有效沟通的关键。希腊哲学家苏格拉底说："请开口说话，我才能看清你。"因为他了解，人的声音是个性的表达，声音来自人体内在，是一种内在的剖白。话随音转，换句话说，字句里藏着音调，音调里含有感情。

许多推销员能口若悬河，却无法说服客户，原因就在这里。假如一个推销员的语气中透露出畏惧、犹豫、缺乏自信，就成了败笔。静若处子的人，声调必然低柔平和。依此类推，声音实在能使人的本色显露无遗！假如你的声音低柔平和，就会使别人产生好感。没有任何人愿意听高声喊叫般的说话。

拥有沟通技巧就可以说服别人，生意上的商谈也有可能达到极佳的沟通效果。而所谓沟通，正是一种使别人信服的艺术。实际上，真正的沟通是建立在相互交流的基础之上的，当双方的交谈都感觉良好时，都会不由自主地表现出一些动作加以渲染。比如肢体语言，肢体语言是不会骗人的！它通常比言辞更能清楚地表达内心的意向！

幽默戏剧大师萨米·莫尔修说："身体是灵魂的手套，肢体语言是心灵的话语。若是我们的感觉够敏锐开放，眼睛够锐利，能捕捉身体语言表达的信息，那么，言谈和交往就容易得多了。认识肢体语言，等于为彼此开了一条直接沟通、畅通无阻的大道。"

舌头比身躯容易被控制，我们的身体语言表达得比言辞还要清楚明确。身体的反应通常是直接而不打折扣的，言辞却可以被婉转地修饰处理。身体动作一不小心，就可造成冲突伤害，言谈间不用手势辅助的人，会是多么呆板僵硬！基本上若要表达一种信息，没有手或臂的参与是绝对不可能的。

所以，读懂对方的肢体语言，并做出准确回应，也能得到有效的沟通。还有，真正懂得用心聆听、用眼观察的人，才能真正掌握沟通技巧的真谛。

[促使客户自动签单]

马里奥在推销培训讲座的时候，曾听到一个房产推销员讲述了他的一次成功推销经历：

我和客户的推销商谈已经到了成交的最后阶段，于是，我换了一种语气和客户说话，仿佛对方已经是那套房子的主人似的。"它已经是你的了，你一定很满意，那么现在让我为你介绍一下这座房子的另外一些好处。它坐北朝南……税务部门以后会退还你缴纳的税金！因此，我得赶快把你的报税号码抄下来，填在这里，你很快就会收到退税了。请你在这里签名！"

我很自信地引导着客户签上名字。"最慢4个月内就会收到钱。是不是很棒？请告诉我你的银行账号，我把资料填上去！"我继续说，"这是张房屋出租账号的专用申请表。假如你希望把房屋租赁出去，那么租房者就会知道他的房租该汇给谁。你一定希望每个月都有租金收入吧！这样行了吗？请在这里签下你的大名！"就这样，我顺水推舟地让客户签上了大名。"我秉持的座右铭是：不要争辩，只管让对方相信，订单就自然而然地来了。最后的签名盖章，就好像是理所当然一样。"这位推销员最后这样说。

许多推销员并不清楚，所谓签单其实是在最早出场的时候就开始了。所以，当签约时机终于出现时，对一位优秀推销员而言，并不该视其为什么伟大空前的商谈结束后的高潮戏，所以没什么可怕的！就像埃里希·诺贝特·德托依所言，获得签约其实是目标明确、令人信服的推销技巧产生的结果。客户本来就是被一步步引向合约之处的，因此最后签下他名字的这一步，当然应该走得和其他步伐没什么两样！

当然，关于签约的商谈才是对成功与否有决定性的影响！在那之前，就企业经济学的观点而言，推销员所做的，只不过是喝喝咖啡、轻松地聊了一下而已！

　　所有的推销员都认为，客户在订单上签字的一刹那，是人生中最有魅力的时刻。客户在他的订单上签名盖章，推销人员所有的辛苦努力就有了大大的回报。因为这充分体现了你的能力，得到了别人的认同。而且推销的成功，增加了你的佣金收入。

　　实际上，推销的成功是令人兴奋的，但这并不是说因为增加了收入，更重要的是有一种成就感。这就如同一场足球比赛，每个球员都知道胜利的一方将有极高的奖金入账，可一旦进入赛场，金钱反而不是赢球的最大动力了。有人曾就这个问题采访过一个球队，所有的队员都表示：我们想要赢的是一种心情，就算没有什么奖金，我们一样也会竭尽全力。

　　你一定看到过，在赛场上进球队员的兴奋程度，这是一种无法描述的成就感，欣喜自己的努力得到了回报，是一种成果的收获！这时候最主要的是感觉，而非金钱。在销售这一行也是如此，得到订单就是收获，没有任何推销员在面对客户签约时会无动于衷。在得到订单那一时刻，所有的辛勤努力，一切费劲心机的计划、思考，无数繁杂的计算，所有针对客户个人的研究分析等等都被抛到九霄云外去了！

　　另外，还有一种能促使客户顺利签单的技巧——"催眠推销术"。当然这里所说的催眠并不是真的把客户聊到打瞌睡，而是一种高明的推销方法。所谓的催眠推销术就是推销员把自己的所要表达的东西，在不知不觉中潜移默化至客户，从而影响他的看法，使之与推销员站在同一立场，这是一种意志移植，它能成功打开客户的心扉。

　　在这方面，推销员需要充分运用自己的眼睛和声音，不要忘了你的眼神也可以作为重要的推销工具来使用。你应该知道，在和他人的谈话中，适时地刻意利用眼神能使你的语言说服力提高25%。

一个人如果在别人的眼中感觉到被信任、被尊重、有善意，就会向对方敞开心扉，接受感应。相反，一个人在与对方眼神交会时读出被拒绝的感觉，一定就会对其关闭心灵。世界心理学大师恩克尔曼曾说：人类如果感受到别人的关爱，才会开放自己的心灵，感受到暗示和影响。

催眠推销术最重要的一点就是，推销员在说话时态度要真诚。在运用这一技巧时，你一定要站在客户的立场为他提供切实可行的建议，要善于利用肢体语言，比如点头、满怀兴趣地注视等动作表示你的体谅与了解。你越表现出专心致志，你的吸引力就越大，对方也就越能被你迷住！

曾接触过很多优秀的推销高手，他们简直就像变色龙一样，不但能符合客户的思维方式，甚至连声调、讲话的速度和节奏都能变得跟客户类似。

多年前，在法兰克福举行的一次重要工商业广告代理商产品发布会上，马里奥·欧霍文就见过这么一位"变色龙"。

这位推销员有一种天赋，在面对多位客户一起谈话的场合，能做到跟谁说话就用谁的语言和想法。他把在场的六位客户分别"催眠"了，这六位厂商都把广告预算交给了他！

马里奥·欧霍文对他的做法感到惊奇，但是更多的是感到钦佩。事后马里奥·欧霍文向他请教成功的秘诀，他说："实际上也没有什么，我只不过找准了客户的需要，但最重要的是，你必须有能力，特别是要让客户相信你比其他推销员能为他带来更大的收益，只有这样，你才能让客户自动签单。"

第九章

成功学之父

——奥里森·马登

奥里森·马登博士（1848—1924），公认的美国成功学奠基人和最伟大的成功励志导师，成功学之父。《成功》杂志的创办人，如今《成功》杂志在美国无人不晓，它通过创造性地传播成功学改变了无数美国人的命运，致力于马登尚未完成的事业：把个人成功学传授给每一个想出人头地的年轻人。

交融成功与
失败的一生

1848年，奥里森·马登生于美国新罕布什尔州的桑顿乔森林地区，这是一块贫瘠的土地。他3岁丧母，7岁时父亲也去世了。为了活着，马登开始了比一般山区孩子更为艰难的挣扎。他先是寄人篱下，给人做工。他总也吃不饱饭，还要每天工作14小时以上；没有同龄的朋友，还要受到主人孩子的嘲讽和虐待；没有长辈的关爱，还要忍受主人的责骂和皮鞭。他先后换过五个主人，但情况没有丝毫好转。

在马登14岁的时候，他决定要有所改变。一个星期日，马登逃跑了。在一家锯木场找到工作之后，马登开始抓紧一切时间和机会学习。突然，一本书使他眼睛一亮，这就是塞缪尔·斯迈尔斯的《自己拯救自己》，一本著名的成功学著作。"对我来说，这本书永远让人热血沸腾。"就像日后他的读者评价他的书一样，马登说，"我如获至宝，反复阅读，直到它深深铭刻在脑海里。"

《自己拯救自己》点燃了马登两个梦想。首先，穷孩子爬到上流社会的故事激励他走出深山老林，去接受教育，实现理想。其次，他想到，总有一天他也可以做点事情，来激励和引导那些像他一样的年轻人。

马登的教育经历像马拉松一样漫长。他先是断断续续地上点儿学，同时努力工作养活自己。23岁时，他走进了大学校门。9年后，他拿到了如下学位：波士顿大学学士，奥拉托利会学士，波士顿大学硕士，哈佛医学院博士，以及波士顿大学法学院学士。同时攻读多个科目并未影响他的收入。毕业前夕，他积攒了将近两万美元。40岁前后，马登已经成了一位旅店业大亨。他的事业如日中天，似乎没有任何变故能阻挡"幸运的马登"走向成功。

但是，不幸却接踵而至。连年干旱，经济萧条，而且他最重要的一些旅店被大火夷为平地，倾注了大量心血的五千多页手稿也在大火中化为乌有。但马登没有屈服。背着沉重的债务，马登带着永不褪色的梦想来到波士顿开始了成功学方面的创作。他现在更有资格投身这个事业，因为在他四十多年的奋斗历程中，在财富的阶梯上，他曾经站在最高处，也曾被抛到谷底，因此，他更了解财富与成功的奥秘。

1894年，马登三十年的梦想变为现实。处女作《伟大的励志书》获得了巨大成功，第一年就再版11次。到1905年前后，仅在日本就售出近100万册。"我们日本人往往把这本书尊为日本的《圣经》。"一位日本游客这样告诉美国人。不但如此，在谈到日俄战争时，日本人出人意料地说："你相信吗？正是这本书给了我们抗击俄国人的勇气。"

在美国，麦金利总统这样评价《伟大的励志书》："马登的书对所有具有高尚和远大抱负的年轻读者来说都是一个巨大的鼓舞。我认为，没有任何东西比马登的书更值得推荐给每一个美国的年轻人。"梳理马登的著作，我们发现，他的成功学有一个意味深长的渐变过程。

1894年问世的《伟大的励志书》可以说是马登前期的代表作。书中每一页都激情洋溢。而且，自古希腊以来的漫长历史都被马登充分地调动起来，许多的人物传记和轶事资料被充实到书中，这些使得这本书既有思想性，又很生动、扎实。"这个世界渴望生活，更多的生活，"他说，"最令人感兴趣的是现实生活，以及人类的体验、人类的奋斗。没有任何事物像人本身那样吸引人。"

大体说来，马登起初是倾向于品质成功学的，对功利主义，基本持否定态度。不过，在商业社会中，一个人成功与否，主要是以财富多少来衡量的，所以，马登不得不弱化了对功利主义的敌对，对于追求金钱的行为，也越来越心平气和。尽管这个时候，马登在思想上就开始了渐变过程，但明显的转化与综合，却花了十年时间。

总的看来，马登还是重视人品质的培养，以及精神上的幸福；同时，也对财富等功利主义内容给予了足够的关注。不仅如此，他还发现了两者之间相辅相成的关系，努力使两者协调一致，成为整体。一句话，成功往往就是人的全面协调发展，而这都是人应得的神圣权利。

1897年，马登的《成功》杂志创刊。很快，《成功》杂志获得了巨大的成功，发行量达30万册，员工达到200名。然而天有不测风云，杂志内部开始分裂，后来又因为得罪权贵而被告上法庭。

1911年，《成功》杂志倒闭，马登又一次债务缠身。马登多次表达过，对一个人真正的考验是看他与失败斗争的勇气，真正的强者是"第一次不成功，那么，再试一次"！像以前一样，马登再次用行动证明了强者的力量。他继续坚持出书，并计划再办杂志。1918年，《新成功》创刊，即使在马登去世之后，这本杂志仍然激励着千千万万的有志者，继续着马登的伟大事业。

马登撰写了大量鼓舞人心的著作，包括《一生的资本》《思考与成功》《伟大的励志书》《成功的品质》《高贵的个性》《奋力向前》《正确思考的奇迹》《成功学原理》等。马登的书在美国一上市，即受到了大众的认同，很多公立学校指定为教科书或参考书，不少公司、企业发给员工阅读，在商人、教育人士、政府官员和神职人员中也深受欢迎。

林语堂先生曾向人们推荐他的书："对于时代青年所经在的烦闷、消极等等滋味，我亦未曾错过……希望他们从马登的书中，能获得（与我）同样的兴奋影响。"美国第25任总统威廉姆·麦金莱曾说："马登的书对所有具有高尚和远大抱负的年轻读者都是一个巨大的鼓舞。"

马登的著作和他所倡导的成功原则改变了世界各地千百万贫苦人民的命运，使他们由一贫如洗变为百万富翁，从无名之辈变为社会名流。

个性是成功的
一笔财富

　　在人的个性之中，有一种是任何摄影师都无法捕捉、任何画家都无法再现、任何雕刻家都无法刻画的东西。这是一种人人都能感觉得到，但是却无人能够表达、能够付诸笔端、能够加以形容的微妙东西。就是它，与一个人一生的成功息息相关。

　　正是这种无法形容的品质，使人们有了千差万别的不同。我们在预言一个人将来可能发达到什么程度，会升到什么样的位置时，往往只考虑到他的实际能力如何，却极少将个人感染力这种神奇的魅力看作是他未来成功资本的一部分。实际上，这种个人感染力同一个人的智力、所受的教育一样，与这个人的前途息息相关。

　　现实生活中，我们经常可以见到这样一种人，他们尽管能力平平，却相貌堂堂，举止优雅，魅力非凡。相对于那些比他们更聪明、更博学的人，他们往往更能快速地得到提升，把那些有着智慧头脑的人远远地抛在后面。

　　从演说家的身上，我们可以看到这种个人感染力的影响是何等的巨大。假如有人去读印在纸上那些冷冰冰的文字，里面不掺杂任何演说家个人的因素，那么可能没有哪一个读者会感受到其中的任何激情，脑海中也不会留下任何印象。但是，当演说家拿着这些文字来演说时，他那口若悬河、激情万分、排山倒海的气势让观众为之倾倒和叹服。这种影响力完全是由于演说家的出现造成的，那种感染力从他们身上自然而然地散发了出来。

　　个人魅力是一种神奇的天赋，就连最冷酷无情的人都能受其感染。有时它甚至会左右一个国家、一个民族的前途和命运。

个人感染力的差异，会给人带来不同的感觉，而快乐与不快乐之间的差别，却决定着成功与失败的结局。

我们会在不知不觉中受到具有这种神奇能力的人的感染和影响。看到他，瞬间有一种豁然开朗的感觉。我们从未觉察到的体内潜能一下子让他们释放了出来。天地突然间变得宽广了，我们感觉到体内有一种新生的力量在激荡，在汹涌澎湃着。我们感觉一下子放松了，就像是长久压在心头的一块巨石突然间消失得无影无踪，让人轻松无比。

同他们愉快地交谈让我们惊喜非常，即便我们只是第一次见面。我们从来没有发现自己竟然能够做到这样的口齿伶俐，这样的口若悬河，这样的滔滔不绝。他们把我们身上最优秀的品质一下子激发了出来，就像是让你认识了一个更卓越、更优秀的自己。在他们面前，以前从来没有的灵感和渴望会突然涌入心间，在我们的体内回旋激荡。猛然间，生活被赋予了更加崇高的意义，在我们胸中燃起了熊熊烈火，推动我们去尝试我们从未尝试过的东西，去体验我们从未体验过的生活，去做我们从未做成的那种人。

也许就在几分钟前，我们还垂头丧气、情绪低落、萎靡不振。然而就在突然间，这种个人感染力在我们阴冷的生活阴影中撕开了一道缝隙，射入了它温暖的阳光，打开了我们封闭已久的所有潜能的大门。一瞬间，欢乐代替了忧伤，希望压倒了绝望，激励赶走了消沉。我们看到生活中还有更美好的事物，我们知道生命中还有更崇高的理想。此时此刻，所有的忧愁哀伤一扫而光。

哪怕是与具有这种魅力的人接触仅仅几秒钟，也会让我们觉得自己精神力量瞬间倍增，就像是两台大马力的发电机让电线中的电流倏然间激增一样。我们不愿看到这个神奇人物远去，生怕自己体内的新生力量也会随之而去。

另一方面，我们也会常常碰到另外一种人，他们的出现让我们自己蜷缩起来，活力消失。当他们走近时，我们会忍不住打一个冷战，就像是夏天突然刮来一阵冰冷的寒风一样。一种让人萎靡、压缩的电流击遍全身，让我们感觉如同一瞬间被压紧、被浓缩了。以致我们会感到，自己体内所有的力量、所有能力哗然泄出，踪迹全无。在他们面前，露出一个微笑比在葬礼上大笑一阵还要困难。他们低落、沮丧、忧郁的感染力冻僵了我们体内所有的灵感与激情。只要他们在场，我们永远都不可能超常发挥自己的能力。就像一片乌云突然间笼罩了秋日明媚的天空，他们的阴影笼罩住了我们的身体，使我们躁动不安、困惑茫然、不知所以。

对比这两种类型的人的个人品性，不难发现他们最大的区别在于前者热爱自己的同类而后者却排斥自己的同类。当然，不管是那极少数能够让人一见为之倾倒的人也好，还是那些对任何人都有强大吸引力的人也好，他们的魅力大部分都是天赋的。然而，我们还会发现有这样一种人：他们大公无私，真诚地为他人的利益服务；他们认为自己有责任，有义务帮助自己的同类；即使方式有些粗鲁，外表不甚优雅，他们仍然会在任何场合产生巨大的影响；他们会激励、鼓舞任何一个他遇到的人。任何同他们打交道的人都会信任他、爱戴他。其实，只要你愿意，任何人都可以培养起这种非凡的个人品质。

优秀品质
的吸引力

你要做的最大投资之一就是学会让别人与你愉悦相处的艺术，努力做到举止文雅、为人随和、宽宏大量。这种投资的价值要远远大于任何能以金钱衡量的货币资本。原因是有了这种品质，所有的成功大门都会向你敞开了。不管你走到哪里都会畅行无阻，大受欢迎。

很多年轻人在谈及自己的提升或是人生最初起步的成功时，都归功于自己乐于助人、亲切随和的性格，也就是说，在任何可能的情况下去帮助别人。这正是林肯最突出的品质之一。他乐于助人，这使他在任何场合中都能与别人打成一片。他在律师事务所的合伙人亨恩顿先生说："在林肯先生的住所住满了人的时候，他会把自己的床让给别人。然后，他自己就到店里的柜台上睡，卷一卷布当作枕头。似乎谁有困难都会想到向他求助。"这种乐于助人、乐善好施的性格使林肯倍受美国人民的爱戴。

能让人幸福快乐是一笔无价的财富。有什么比永远散发着魅力与光彩的性格更有价值呢？这种性格不但在商业领域让人受益无穷，在生活中的任何一个角落都会让人得益匪浅。正是由于这种性格，大批大批的政治家和政客得以成功；正是因为这种性格，律师有了络绎不绝的客户；正是因为这种性格，医生吸引了很多的病人。而对于公务员来说，这种性格更是重要。不管你身处何地，身兼何职，都不要忘记去培养这种优雅的举止、这种优秀的个人品质，因为它会让你吸引所有的人，打动所有的人。这些举止与品质会令你成为众人的焦点和中心，帮助你登上高位，这通常比去做大量艰苦的工作都要有效得多。

从来没有见过一个毫无私心、慷慨大方的人会没有吸引力，也从来没有听说过哪一个自私自利的人会大受欢迎。人们天生就有一种倾向，就是鄙视那些从不关心别人、无视他人利益、只知为己获利的家伙。

使别人快乐的一个秘诀是，自己要保持开心快乐，这样，别人才会觉得你有趣迷人。要成为一个令人愉快的人，首先你要能够宽宏大度。那种心胸狭窄、吝啬小气的人永远不会招人喜爱。相反，人们见了这样的人会逃之夭夭，唯恐避之不及。

不幸的是，不管是在家里，还是在学校里，都没有人教我们如何拥有这些品质，虽然我们的成功和幸福大多数来源于此。我们很多人如同从未受过教化一样，行为粗鲁，举止随便。我们本应心胸宽广，慷慨大方，宽宏大度，古道热肠。我们也许都懂得这些，但却吝啬于伸出自己的手，过着一种自我封闭的生活，将自己围于一个狭小的圈子。

优良的品质有一种内在的魅力，这种魅力永恒持久，不易消逝，让人难以拒绝。没有人会去嗤笑具有这种魅力的人，因为他们焕发出了耀眼的光芒，消除了所有的偏见。不管你有多忙，有多焦虑不安，或是痛恨别人的打搅，面对这种具有令人愉悦品质的人，你都无法转过脸去拒绝。

当与一个有优秀品质的人接触时，他会挖掘出你身上存在的很多潜能，让你拥有你以前想都不敢想的能力。你因此可以独自去说你从不敢说的话，去做你从不敢做的事。这时候，谁会说他没有感觉到自己的能力在飞速提高，自己的才智在慢慢增长，自己的优势在不断增强。演说家的激情往往来自于听众，而他又把这种激情反馈给听众，激起他们更高的热情。然而，这种情形不同于一个化学家在实验室里把不同的化学药品混合即可得到强大的能量，演说家获得的激情不可能来自于观众中的某个个人，而是在双方的交流与融合中才产生了新的思想、新的力量。

我们很少意识到，我们成功的一大部分原因应该归功于别人对我们的作用。正是他们增长我们的才智，点燃我们的希望，鼓励我们前进，在生活中帮助我们，从精神上激励我们，鼓舞我们，我们才得以成功。

我们总是无意识地过分高估书本知识的价值。实际上，大学教育的主要价值在于通过平时的社会交往活动，通过与别人的交流，不断地完善自己的性格。通过心与心的沟通，思想与思想的碰撞，他们的才能得到提高，得以升华。这种交流支起了他们想象力的翅膀，激发了他们更崇高的理想，为孕育新的希望、产生新的可能性开辟了道路。书本知识极具价值，然而从思想交流中获得的知识却是无价的。

付出是没有存折的储蓄

当你学会了怎样正确地看待每一个人时，你在社交活动中能够学到的东西会多得让你自己感到吃惊。当然，事实上只有在你自己付出了很多的同时才会获得许多。你越是展示自己的才华，心地越是无私，越是慷慨大方，越是毫无保留地与别人交往，你获得的回报也就越多。

要获取多少，你就必须先付出多少。任何东西只有先从你这儿流出去，才会有其他东西流进来。总之，你从别人那儿获得的任何东西都是你原先付出的东西的回报。你在付出时越是慷慨，你得到的回报就越丰厚。你在付出时越吝啬、越小气，你得到的就越是少得可怜。你必须是出于真诚的、慷慨的给予，否则，你得到的回报本应是宽阔的大江，但事实上你只得到了一条浅浅的溪流。

一个人假如能够利用各种可能的机会去探知生活的方方面面，他可能会获得全面而均衡的发展。但是他如果忽略了培养自己在社交方面的才能，结果是除了自己那点儿少得可怜的特长外，他依然是一个能力上的侏儒。

错过与我们的同辈，特别是那些比我们更优秀的人交流的机会，这将是一个极大的错误，因为我们本来可以从他们身上学到一些有价值的东西。正是社交活动磨掉了我们身上粗糙的棱角，让我们变得风度翩翩、优雅迷人。

只要你下定决心抱着付出的态度开始你的社交生活，把社交生活当作一个自我完善的过程，希望藉此唤起你身上最优秀的品质，挖掘你因为缺乏锻炼而沉睡着的潜能，你就会发现，自己的社交生活既不沉闷也不徒劳。但要记住，你必须先付出点什么，否则你将一无所获。

当你学会了把你遇到的每一个人都看作是一座宝库，每一个人都能够充实你的生活、能够丰富你的人生阅历、增长你的人生经验，能够让你的性格更完美、处事更成熟，你就不会再把在客厅里同别人的交谈看作是一种时间的浪费了。

任何决心让人生更完美的人，都会把每一次经历看作是一次学习的机会，一个文化的斧凿，原因是它把你的人生造型雕刻得更加条理匀称，完美动人。

不管你是朝气蓬勃的青年还是白发苍苍的老人，真诚坦率都是最令人愉悦的品质之一。那些坦诚率直的人，那些光明磊落的人，那些从不刻意掩盖自己缺点和不足的人，没有人会不喜欢。一般来说，这些人都心胸宽广、慷慨大方。他们会唤起别人的爱意和自信，用他们的纯朴与直率换来别人的坦率与真诚。

相反的，躲躲闪闪、遮遮掩掩、鬼鬼祟祟让人生厌。这种人总是企图遮盖或是掩藏什么，让人不由得心存怀疑，结果就失去了人家的信任。没有人会相信有这种品性的人，虽然他们表面看来与那些有着阳光般坦率明朗性格的人一样亲切随和，平易近人。与这种人相处，如同搭乘一辆公共马车在漫漫黑夜中行路，感觉夜长，路更长，行程让人如坐针毡般的不安。

而我们的潜意识里总有一种担忧。也许一切都非常正常，可我们总有一种难言的恐惧，担心说不定在前面某个地方会突然掉进一个大坑，或遇到什么其他的危险。因为这种不安，我们会心神不宁，焦虑不堪，甚至痛苦难当。这种人也许与我们相处得和睦融洽，可我们总是疑心重重，不敢随便抱以信任。

不管他是如何的举止优雅，怎样的彬彬有礼，我们也会不由自主地认为，这种优雅举止下面一定含有某种动机，这种亲切随和后面必然藏有某种不可告人的目的。他总给人神神秘秘的感觉，因为他在生活中总是戴着一张面具。他总是竭尽所能掩藏起自己品质中所有令人不快的一面。只要他努力做到这一点，我们永远也无法看到他真实的一面，无法了解他到底是一个什么样的人。

　　但是，另外一种人和他们是多么的不同啊！他们从不鬼鬼祟祟，他们坦诚待人、心胸宽广、言谈诚恳、坦率纯朴。他们是那么快就赢得了我们的信任。尽管他们有时会有很多小的错误或缺点，我们总能原谅他们，原因是他们从不掩饰自己的错误，并总能积极地改正。假如自己有缺点，他也从不隐藏，而我们也总能报以宽容。他们正直诚实、光明磊落，他们古道热肠、乐于助人。就是他们具有的这些优秀品质，才让他们成为最优秀、最杰出的人。

奥里森·马登
一生的经典理论

奥里森·马登一生的经典理论，或许只有简单的几句话，几个字，然而他深邃的内涵将会成为你成功路上的指明灯。

[激发自己的潜能]

在人的一生中，不管在何种情形下，你都要不惜一切代价，走入一种可能激发你的潜能的气氛中，可能激发你走上自我发达之路的环境里。努力接近那些了解你、信任你、鼓励你的人，对于你日后的成功，具有莫大的影响。

[不要给自己留退路]

假如你养成了决策以后不再更改的习惯，那么在决策时，就会运用你自己最佳的判断力。但假如你的决策不过是个实验，你还不认为它是最后的决策，这样就容易使你自己有重复考虑的余地，就不会产生一个成功的决策。

[比薪水更宝贵的东西]

固然薪水要尽力多拿些，然而那仅仅是个小问题，最重要的是由此获得了踏入社会的机会，也获得了在社会阶梯上不断晋升的机会。通过工作中的耳濡目染获得大量的知识和经验，这将是工作给予你的最有价值的报酬。

[锻造一生的资本]

体力和精力是我们一生成功的资本，我们应该阻止这一成功资本的无效消耗，要汇集全部的精神，对体力和精力做最经济、最有效地利用。

[成功之门的钥匙]

很多人之所以在社会上无所作为，是因为他们贪图省事，或是缺乏自信，不敢照着自己的意志去做。东问西访，事事要经他人的同意认可才敢决定。一个人不敢表现自身的潜力，表达自己的意见，实为人生的奇耻大辱。

[脱离贫困境地的秘诀]

贫穷本身并不可怕，可怕的是贫穷的思想，以及认为自己命中注定贫穷，必老死于贫穷的错误观念。假如你觉得目前自己前途无望，觉得周围一切都是黑暗惨淡，那么你应当立即转过头，走向另一面，朝着希望和期待的阳光前进，而将黑暗的阴影尽数抛弃。

[正直品格的伟大力量]

在你作为一个律师、一名医生、一个商人、一个农夫、一名议员，或者一个政治家时，你都不要忘记：你是在做一个"人"，要做一个具有正直品格的人。这样，你的职业生涯和生活才能有重大意义。

[黑暗中拯救自己]

人在忧郁沮丧的时候，要尽量改换自己的环境。不管发生任何事情，对于使自己痛苦的问题，不要太多地去思考，不要让它再占据你的心灵，而要尽力想着最快乐的事情。对待他人，也要表现出最仁慈、最亲热的态度，说出最和善、最快乐的话，要努力以快乐的情绪去感染你周围的人。

[神奇的内在力量]

在人的身体中有一种创造的力量，它的作用是永远在进行的。这种创造的力量，不但创造他自己的生命，还在不断地更新生命、恢复生命。但很多人并不知道深入自己的意识内层，去开发那些供给身体力量的源泉。所以他们的生命往往是枯燥而毫无生气的。

[不要给自己留退路]

大多数美国人都有一种特长，就是善于观察别人，并能够吸引一批才识过人的良朋好友来合作，激发共同的力量。这是美国成功者最重要的、也是最宝贵的经验。任何青年人一跨入社会都应该学会待人接物、结交朋友的方法，以便互相提携、互相促进、互相借重，否则，单枪匹马绝对难以发展到成功的地步。

第十章

最佳保险经纪人

——雷蒙·A·施莱辛斯基

雷蒙·A·施莱辛斯基，美国著名营销大师，曾被列入全美十大杰出推销员。全美公认的最佳保险经纪人。他的销售名言：沟通，首先是面对自己，如果你连自己都沟通不良，那么怎能奢谈和陌生人沟通？

做一位
优秀的听众

"一位好听众，不仅到处受人欢迎，而且能够比其他人知道得更多。"著名心理学家威尔逊·米兹纳的话道出了做一名优秀的听众是如此重要的事情。

在推销任何商品的过程中，特别是在推销初期，推销员有效的聆听和提问技巧是相当重要的，原因是推销员可以从这些技巧的运用中获得推销所需要的、有价值的信息。推销员知道的推销信息越多，就越有机会击败竞争对手，并赢得交易。

当然，在整个推销过程中都需要使用这些技巧。推销涉及的范围相当广泛，首先，推销员必须清楚而又完整地认同客户的期望与需求，再用令人信服的传递方式将你的认同肯定地告知自己的客户：本公司的产品与服务完全符合你们的需要。此时，推销员必须应用聆听与提问的技巧。

这种推销员与客户的互动关系的结果，是客户与推销员之间"超级"的亲密合作关系。推销员巧妙地使用下面的问题询问客户，可以使自己与客户进行一次轻松愉快且富有成效的交流：

——"你是怎样开始进入这个诱人的行业的呢？"

——"我很想听听你对这个行业发展的高见。除了我对这个行业感兴趣外，我相信，我们公司一定能够助你一臂之力，实现你的目标。"

——"我在一本杂志上读到了你的一篇文章，你的计划可以说是特别成功的。我对你的计划非常好奇，你是怎样先人一步想到这个计划并加以实施的呢？"

人们通常缺乏花半天时间去听推销员滔滔不绝地介绍产品的耐心。但是，客户却愿意花时间同那些关心其需要、问题、想法和感受的人在一起。当然，推销员总希望自己每次在同客户交谈时都能得到他们的肯定。本杰明·迪斯雷利曾经说过："和别人说说你自己的事情，他或她一定能够听上好几个小时。"此话一点不假。

推销员扮演着收集信息的角色，他们利用专心聆听与提问的技巧，以获得必要的推销信息资料。专业推销员绝对不会在做推销性电话访问时，一开始就说一大堆，这样做，充其量是散布信息，而非做推销，由此而来的结果，也只能是单方面的会话，丝毫起不到建设性的作用。

专业推销员应该运用倾听和提问技巧，与客户之间建立平等的双向互动的交流，并且通过介绍产品或服务，帮助客户完成购买的心愿，满足他们的需要，找出解决问题或实现愿望的方法。

尽管能言善辩是一位优秀推销员必须具备的重要能力之一，然而，成功的推销员不仅仅是一位口齿伶俐的说客，而且也是一位出色的听众。在推销过程的第一个步骤中，推销员需要运用其聆听和提问的技巧，找出合适的客户——也就是说，需要找出客户是否是一位有购买自主权、有购买力和需要、并且愿意购买产品的人。

假如找不到这种客户，那么，推销员所做的一切也只是在浪费时间而已。一位优秀的推销员应该知道自己需要什么样的信息，并且知道到哪里去寻找这些信息。推销员进行推销的目标，就是为了在最短的时间内，收集大量有关推销所需的重要信息。

当客户最初认识推销员时，他们可能很不情愿立即与他人分享信息，原因是客户还没有机会同推销员建立信任感或良好的人际关系。此时客户就像是水龙头一样，每次只给一丁点零零星星的信息。只有当推销员积极主动地运用聆听技巧时，客户才会开始放松自我，与推销员相处才会觉得轻松、自然、舒坦。

推销员需要将自己获得的信息，先转化为客户的产品示范行为，这就像一位医生或新闻记者。例如，就像一位医生一样，推销员需要借助于解说其产品或服务——药方——来治好客户的病。一般地说，医生在确诊病人的病症之前，绝对不可能开具处方。他也需要信息，不可能乱猜病人的病情。

因此，一开始，当医生看到病人时，他们总是先提问并聆听——他们提的问题大致是这样的："哪里受伤了？""怎么个痛法？是感到抽痛、刺痛，还是全身都痛呢？""经常痛吗？每次痛多久？"然后，医生才能做出恰当地诊断，找出真正的病因。

雷蒙·A·施莱辛斯基的朋友戴维·霍奇斯在纽约亨特大学任教授，他天生就是一位好听众。当有人同他说话时，他的整个身体似乎都在聆听，仔细聆听对方说的每一个字。对于对方所说的笑话，他总是第一个笑，同时赞美对方，并且问一些对方感兴趣的问题。他几乎很少插话，也很少给人以忠告。

他并不是不会讲话，然而，他只是聆听，从不爱表现自己，更不会喧宾夺主。大部分认识他的人，都认为他是"一位优秀的听众"。需要指出的是，人们可以从这些"优秀的听众"身上学到许多东西。

推销活动也是一样，善于聆听你就能得到更多信息。推销员收集到的有关客户及其组织的信息越多，就越可能设计出一套有针对性的推销策略，回答客户可能提出的问题，以减少客户对产品的反感，使客户了解其关心的产品，并且最终削弱竞争对手的竞争力。推销员仔细地聆听客户提供的每一条细微的线索，能够帮助推销员捷足先登，先对手一步发现大量的推销机会。

实际上，每一次的销售成功不单单只是成交了一笔交易，而且特别有助于在推销员与客户之间建立一个良好的、稳定的人际关系与商业合作关系，从而使自己在未来获得无限商机。

实际上，在交易完成后，还有另外一个重要的步骤，那就是为客户提供售后服务。对大部分推销员来说，所谓的长期利益意味着售后服务与产品出售前将注意力集中在客户身上的做法是同等重要的。聆听、提问与善用身体语言的技巧，在售后服务中也起着十分重要的作用。

不管在任何时候，只要客户对产品或服务提出问题，或者对他的产品表示关切，他或她都希望推销员能随时答疑解惑，解决产品使用中的问题。完美的售后服务将有助于获得该客户的下一张订单。

雷蒙·A·施莱辛斯基所说的销售方法没有一个步骤是被动的、消极的。相反，这些都是特别有效的推销技巧，由于这些技巧能够指导推销员更好地帮助客户购买他所需要的商品。通常情况下，客户在做一个重大决定的时候，往往会有些茫然或者感到有压力，假如推销员此刻站在对方立场，客户反而会觉得，推销员不是在推销商品，而是在根据自己的需要帮助自己做出决定。他会认为这是一个重要的机会，确实值得考虑去抓住。

客户也会因此相信、喜欢并且尊重推销员，不但会乐意同推销员交流，而且也会为推销员提供更多新的信息。

有针对性地 提问

大部分推销员总是喜欢自己说个不停，希望自己主导谈话，而且还希望客户能够舒舒服服地坐在那里，被动地聆听，以了解自己的观点。然而，对于推销员来说，特别重要的是，要尽可能有针对性地提问。有针对性地提问才是推销成功的最大诀窍。

推销员可以说："先生，在来这里之前，我已经拜读了贵公司的年度报告，这实在使我印象深刻。贵公司的销售收入增加的速度相当快——在过去的五年里，每年的平均增长速度高达44%。依你之见，在未来的五年里，每年仍然能够保持这么高的平均增长速度吗？"推销员提出这一类问题，客户至少需要花几分钟时间来做出说明，而推销员则可从中获得很多有利于推销的信息。而且客户也会因为被问到如此重要的问题而感到高兴。同时，推销员也能因此而轻松片刻。

按常规来说，推销员在第一次与客户见面时，多聆听客户说话会使见面进展得更加顺利。花一些时间多听的好处之一，就是可以减轻推销员与客户见面时的压力。比较特殊的情况是，对推销员来说，他们最尴尬的时候一般是第一次同客户见面。这就像我们平常初次认识他人时一样，都难免会有点紧张，而且不自然。当你遇到这种情况时，也许会有同感。

人们在初次结识新朋友时，通常都会努力寻找彼此之间的共同点。推销员在同客户见面时，多听、多提一些开放性的问题，让客户自由选择谈话主题，是一种运用轻松、友好的方式打开客户话匣子的最佳方法。利用这种方法，推销员不但容易达到自己的推销目的，而且客户也不会觉得有压力。

推销员在推销过程的每个阶段，都可能并且应该有针对性地提问。不管哪种形式的推销，为了实现其最终目标，在推销伊始，推销员都需要进行试探性的提问，以便客户有积极参与推销或购买过程的机会。

当推销员提出一些与客户相关的问题后，就可以靠着椅背坐着，专心聆听，一点也用不着担心接下去该说什么话。然而，假如客户一直说个不停，推销员可能也得想个办法来改变这个局面。不幸的是，很多推销员认为，初次同客户见面的10分钟，一定要说个不停，才能使客户进入状态。

提出适当的问题，是一种有助于推销员建立及保持与客户良好的人际关系的最佳方法。当客户初次见到推销员时，一般都希望先了解推销员的想法与意见，或者听一些关于推销员所在公司及其产品的详细情况。

为了使推销取得成功，推销员首先要为自己立一条规矩：除非在正式的推销展示会，否则进行展示说明的时间绝对不能超过推销拜访的一半。

由于推销员进行推销展示的目的是为了使客户直接参与产品推销过程，因此，推销员需要让客户说话，需要客户与自己合作，需要积极鼓励客户卓有成效地参与双方的对话，从而使自己与客户获得双赢。

推销员在同客户谈话的过程中，多听除了能够减少自己说个不停的压力之外，还能帮助自己保持镇静，有利于自己思考下一个问题，分析研究当前的局势及其发展趋势，然后，适时对客户做出恰当的反应。

有针对的提问也是一种谈话的艺术，谁掌握了提问的技巧，谁就懂得买卖的艺术。推销员有针对性地提问，往往能够获得评估客户的重要信息，并且有助于计划下一次推销访问，还有助于设计一套有说服力的推销方案。

一名优秀的推销员应该能够运用提问及其得到的答案作为更快地取得更多订单的坚实基础，从而进一步提高推销效率。

作为一名推销员，你是否经常误解客户说话的意思或要求呢？而客户是否也经常误解你所说的内容或提出的问题呢？对于大部分推销员来说，误解一般都是因心情沮丧、没有受到尊重与失去信任所致，有时可能是由于客户取消订单而引起的。

提问对于减少误会大有裨益。推销员在提问后，必须仔细聆听，并且经常提醒自己千万不要做任何假设。推销员不能以自己的定义、经验、价值观等，把许多事情都认为是理所当然的。

通过提问，推销员可以了解客户是否完全理解自己的意思，而利用反馈提问，又可以确认自己有没有听错客户的意思，以保证自己与客户之间进行良好的沟通，并使推销沟通过程中可能出现的问题降到最低程度。

提问不但是一种弄清所谈论话题的最佳方式，而且也是一种确认谈话双方都能理解彼此看法、期望与需要的最佳方式。

有一个房产推销员曾在一次培训班上向大家讲述了他使用这一技巧的成功经历。

当我了解到一位客户的购买意图后，我对客户说："先生，假如您看到心中所希望的风景优美的地方，而且价格也相当合理，您要不要？"

"那当然，我会重点考虑。"

听到客户的回答后，我立即带他到一处能够看得见美景的地方参观，而且价格以能够合乎客户的要求价码为准则。然后我说："我们可以成交了吗？"并当即开具买卖同意书。

客户对此处相当满意，但不知为什么他还是有些犹豫。我追问道："先生，您不是说过，土地假如真如我所说的那样，您就能够购买的吗？"

后来他告诉我，他之所以犹豫是因为价格的原因。这当然不成问题。随后，我们就此又做了一次商谈，生意最终以双方都满意的结果成交。

就像大家所知道的那样，在推销场合，客户经常会对推销员推销的产品或服务及其公司，以及另一个与推销相关的因素提出问题，表示关切，提出保留意见或者公开表示拒绝等。

作为一名推销员，假如不对客户的冷漠或拒绝做出适当的反应，推销员就无法达到完成交易的目的。

推销员通过巧妙地运用提问技巧，就能使客户说出他们对购买推销员所推销的产品或服务犹豫不决的真正原因是什么，以及他们最大的顾忌又是什么。一旦客户向推销员敞开心扉，说出自己的顾忌，推销员也就真正了解了客户拒绝购买的潜在原因，也就知道该如何妥善解决这些问题。

客户一般都很欣赏推销员能够巧妙地运用提问技巧，以解决任何隐藏在推销背后的客户对购买的担心与问题。但是，不幸的是，一些推销员只会花言巧语，说得很动听，想利用一些固定的答案来搪塞客户提出的问题。

所以，推销员必须有针对性地提问，要让客户有机会吐露自己心中的真情实感，这样，推销员不仅能够完全知道客户的问题，而且能够消除客户心中的疑虑，而不是自己在那里信口开河。

当然，在推销进入即将成功的最后阶段，还是要运用一些推销技巧。比如，当客户面对你推销的商品有购买意向，但自己又没有决定权时，你可以说："先生，您是用自费款购买，还是公费？"或者这样说："你要多少呢？两个，还是三个都要？"

这样，客户只要回答你的问题，不管他的选择为何，总能达成交易。换句话说，不管他如何选择，购买已成定局。

美国著名的政治家、科学家富兰克林在每次决定一件事情的时候，总会在一张纸的中央画一条线，左边的表示肯定，右边的则表示否定。也就是应该进行的事项，以及一切有利的决定因素都写在左边。而在右边，则写上为什么拒绝，为什么不行动的理由。他总是要在全部写完后，才做最后的决定。

在推销访问时，你可以先给客户一张纸，划出肯定栏和否定栏，然后给他一些暗示。在肯定栏中多建议一些，在否定栏则保持沉默。这样，肯定事项当然就多了。

当然，写完之后，再让客户看看，同时试探他："您认为如何呢？"

让客户
给你5分钟

通常雷蒙·A·施莱辛斯基在做销售拜访的时候，总是要求客户或潜在的客户给他5分钟的时间。而实际上他可能需要的只是2分钟。

当然，有时你无法在5分钟内把你的故事说清楚，然而只有你要求别人给你5分钟时间，他们才更有可能给你一个正式的约会。只要你走进了大门，并对他们描述了一件完美的事物，即便这可能会持续半个甚至一个小时，人们一般都会让你继续下去。而从另一方面来看，假如人们对你所说的丝毫没有兴趣，那么1分钟都已经是多余的了。

这就是雷蒙·A·施莱辛斯基早期惯用的通过要求5分钟的机会进行15或者20分钟的生动游说。通常情况下，他会用5分钟的时间进行简单的介绍，然后站起来假装准备离去，这时候客户一般都会不自觉地放松警惕，他就抓住这个时机说："还有一点需要解释。"

于是又可以游说两三分钟，这时雷蒙·A·施莱辛斯基会说："我确实得走了，但是在走之前我希望确信您已经完全明白了我所说的东西。"他拿起皮包走向房门，就在关上门的瞬间又会停顿一下，之后说："我希望您再最后考虑一下。"这5分钟的商业拜访取得成功的原由于不仅仅在于这5分钟里让客户了解了什么，而是你在与他见面之前所做的辛苦准备，为此你可能需要花费几个星期甚至几个月的时间。

因为当5分钟的约会结束的时候，雷蒙·A·施莱辛斯基甚至将比他的家人还更了解其所面对的客户，包括他的兴趣、观点、爱好和需要等等。

实际上，不管他有多少时间，都遵循三个原则来进行推销讲话。第一，在最初说话的几秒钟内用生活或工作中客户最关心的事情把他的注意力吸引过来。第二，每个人都有情感的弱点，例如一些令他们非常感动并认同的事情。而这些事可能与他们的生活和工作毫无关联，它可能只是一个梦想、一个希望或者一个承诺。销售就是要发现客户的情感弱点，然后迫使他们说"是"。第三，尽量避免和客户发生分歧。

尽管雷蒙·A·施莱辛斯基取得过许多成功，但是为了占领更大的市场，他的推销是永远不会停止的。他始终坚信自己的下一个推销计划会更加出色。你也应该和他一样，不管曾经失败过多少次，也不管你取得过什么骄人的业绩，你的下一次推销都将从零开始，面对新的推销对象，你必须反复证明你是最出色的。

然而不可避免的是，推销员在推销的过程中总会遇到一些怒气冲冲的客户，他们大多是因为心情不好或者是推销员疏忽大意订错了产品，也可能是到了交货期限而客户又没有收到产品，或者是因为推销员忘记了回复客户觉得很重要的电话等等。

当客户生气时，你与其躲避它，不如以幽默的言语来缓和他的情绪，这样反而具有较好的效果。当你将自己所处的位置调高时，便能促使交易成功。但万一被拒绝时，你应当克制自己，不必将情绪完全泄露在脸上。此时，你必须控制自己的举动，恢复与客户平行的位置，让客户自觉他的拒绝已伤害你的自尊，引导他采取购买行动以作为对你的补偿。

在实际推销中，推销员假如能赢得客户的青睐，那么他至少能得到下列好处：

——客户更加容易认同推销员的观点、建议和忠告。

——客户更愿意帮推销员宣传、甚至推销产品。

——客户更乐意为推销员提供周围的潜在客户源的信息，以帮助推销员开发客户。

注意客户的肢体语言

在很早以前，研究人员就发现，在人们的沟通过程中，要完整地表达意思或完整地了解对方的意思，一般包含语言、语调和非语言行为或身体语言三种基本构成要素。

这些基本构成要素以及其他要素描绘了人的总体个人形象，并且人们在语言、语调等方面的细微差异都会影响沟通信号的意思。这类信号的意思是由同你交谈的人传递的，它是一个沟通的中心目标——一种你应该努力获得的东西。然而，周围环境和对信号的意思有最直接影响的有三种要素——语言、语调和身体语言。

一位成功的推销员，在示范产品时，会仔细观察客户的身体语言信号，评估客户对产品示范的反应，并据此调整示范方法，促使交易完成。

不管任何人，只要他见过哑剧演员、成功的艺术表演者，或者手语解说员，一般地说，他们都会知道，在人们之间的沟通与交流过程中，实际上有许多可以了解他人意思的有效方法。肢体语言或由外界刺激引起的不随意的身体运动，是一门借助于身体移动、脸部表情、姿势、手势及与其他谈话人的位置或距离等变化来进行信息沟通的学问。肢体语言通常是无意识的，而且难以控制与掩饰，它比言辞还能更清楚地表达内心的意向！

著名的人类学家、现代非语言沟通首席研究员雷·伯德威斯特尔认为，在典型的两个人的谈话或交流中，口头传递的信号实际上还不到全部表达的意思的35%，而其余65%的信号必须通过非语言信号的沟通来传递。

一个推销员只要掌握这些身体语言的信号，并准确地解读出其中的含义，无疑会对你的事业有很大帮助。

身体语言传递的信号通常是潜意识的行为，而且主要是由个人的情绪所致，因而一般人很难控制或抑制这类行为。身体语言同个人的性格和情绪密切相关，情绪越激动，其身体动作的幅度也越大，身体语言也就越多。在人们之间的交往中，身体语言起着特别重要的作用，在初次拜访朋友时尤其如此。

我们对他人的互动反应，并非只是简单地分享其观点、事实、观念或原则，这也许就是商人或企业家为了促成一宗重要的交易而愿意做长途飞行而不愿通过电话联系的缘故。大部分人都认为，人们之间进行面对面的交谈，能够更加简单而又有效地影响对方，不但有利于自己施展交谈技能，而且还有利于对方了解自己的声望、魅力、其他专门技能和影响力。之外，当推销交易接近完成阶段时，推销员可以利用眼睛的错觉，如换坐较高的位置，使自己的视线高于客户。如此，客户必须抬头看你，这样一来，在不知不觉中，你已能控制他的心理，也能肯定你所说的话。

在谈话的过程中，推销员尤其需要留意的是客户的肢体语言。有一次，雷蒙·A·施莱辛斯基正在饶有兴致地向客户介绍产品，而客户对他的产品也很有兴趣，但让雷蒙·A·施莱辛斯基不解的是他时常看一下手表，或者问一些合约的条款。起初雷蒙·A·施莱辛斯基并没有留意，当他的话暂告一个段落时，客户突然打断他进行到一半的商品介绍："你的商品很好，它已经打动了我，请问我该在哪里签字？"

此时雷蒙·A·施莱辛斯基才知道，客户刚才所做的一些小动作，已经说明他的推销已经成功，后面的一些介绍无疑是多余的。相信有许多推销员犯过像他这样类似的失误。肢体语言很多时候是不容易琢磨的，要想准确解读出这些肢体信号，就要看你敏锐的观察能力和经验了。

肢体语言是"第二种语言"。假如一个人的"形体语言"越简单，就越容易被掌握。所以，要想成为一名优秀的推销员，就要集中精力不要让客户离开自己的视线，持续观察对方的反应、举手投足的动作以及眼神的信号和面部表情变化。

肢体语言的许多信息符号是一般人都知道的，双手叉腰或者交叉挡在胸前表示防卫、抵御，宣示主权。然而，也有一些其他的含意，听人说话时若是双臂交叉，则没有否定的意味，因为胸腔是行动之源，手臂交叉于胸前表示：我不会有动作——现在全听你的。向上急急挥动手臂的人，是语气强烈地表示：拜托——别烦了！我不想跟这件事扯上关系。而双臂缩在背后则有袖手旁观的意思。

在推销谈话即将结束的时候，推销员也一样可以假装不经意地用肢体碰触客户，以便吸引客户的注意，同时使用手指做种种说明的指示，这种动作对客户具有催眠效果。此外，肢体的接触也象征着意见的交流，这样能使交谈的气氛更为融洽，但在进行促销时，则必须稳重而不失礼地运用你的肢体语言。

切记，客户的身体语言信息是一种特别重要的信息，推销员若是能正确地判断，就会取得良好的沟通。换句话说：对信息做出正确的反应，准确解读客户的身体语言是推销员推销成功的最坚固的、基本的和必不可少的因素。

第十一章

销售点子大王

——齐格·齐格勒

齐格·齐格勒，美国最杰出的推销员，百万圆桌协会成员，世界首屈一指的销售点子大王。他的销售名言：什么叫成功？无非是你这次没有失败。

只是还没有
走得足够远

实际上，齐格·齐格勒的第一份推销工作，是为一家制造收银机的公司作推销。从事这项工作的初期，他觉得前途一片灰暗，有时候，站在街头竟茫然不知所措。生活的重压经常使他产生一种绝望的情绪，然而值得庆幸的是，他并没有真正的绝望，尽管在推销的前几个星期没有卖出去一台机器。

到月底结账时候，齐格·齐格勒告诉老板他没有找到一个愿意买收银机的人。"好的，"老板说，"这正是我雇你的原因——去寻找他们。你只是还没有走得足够远罢了。继续努力吧。"这位老板的一席话对他以后的推销生涯，确切地说，对他取得辉煌的成功起到了不可替代的作用。

之后，当齐格·齐格勒走破一双鞋子的时候，他终于在一家商业机构找到了他的第一位真正的客户。那时，他还没有一点所谓的推销技巧，只是如实地介绍了产品的性能及如何使用能更加便捷，仅此而已。

生意成交后，客户说的一番话让他记忆犹新。客户说："本来我们暂时并不需要这样一台机器，但我从你身上看到了一种精神，一种生活的态度，这种真诚让我不忍拒绝。"

这次推销的成功给齐格·齐格勒带来极大的信心。每天在出门前他都要对自己说："假如今天在到5点以前还没有找到客户，那么就继续找，直到6点钟，假如有必要可以一直找到9点钟商店关门。在你行走的范围内一定有人会买你的东西，只要你努力去寻找他们。发现他们并不需要天赋，你需要做的只是不停地走，并且与人交谈。"

尽管此后的失败仍然多于成功，但他仍然没有放弃努力。在锲而不舍的坚持下，他的推销工作渐有起色。之后，他又选择推销另一种产品——成套的厨房用品，想必大家已经知道，齐格·齐格勒就是靠推销厨房用品而奠定了他事业辉煌的基础。

我们常常把失败归罪于客观世界，而不愿意作内心的反省——我为什么不成功？我们应该仔细思考这个问题。很多人都曾经想过它，得到的结论几乎相同："条件有限！"由于条件限制，很多人就这样认定自己难以改变命运。内心的消极情绪占了上风，自己选择了失败的宿命。

几年前，齐格·齐格勒曾在密执安州一个房地产经纪人委员会的一个午餐聚会上进行演讲。演讲之前，他与坐在他左边的一位绅士闲谈，谈话中齐格·齐格勒问那位绅士生意怎样，于是对方开始滔滔不绝地抱怨生意是如何的糟糕。

绅士说通用汽车公司正在罢工，在这种时候没有人会从别人手里购买任何东西的。"事情太糟糕了，人们连鞋子、衣服、汽车甚至连食品都不买，当然也不会买房子。我好长时间连一栋房子也没卖掉，真不知道怎样才能完成合同，"他抱怨道，"假如罢工不马上结束，我就要破产了。"

随后，齐格·齐格勒又转向坐在右边的一位夫人，询问她的生意情况。"哦，你知道，齐格先生，通用汽车公司正在罢工……"她露出一个舒展而甜美的微笑说，"因此生意好得简直像奇迹。几个月以来人们第一次有了空闲时间为布置理想中的家而去逛商店买东西。""为什么？"齐格·齐格勒有点迷惑，刚才那位为此现象愁眉不展，而她却为此庆幸。

她说："有些人可以花半天时间来看一栋房子。他们从小阁楼一直检查到隔热层。他们测量每一英寸面积，从厕所、壁橱到房屋地基，无一放过。我甚至碰到过一对夫妇自己查找地界线。这些人知道罢工是会结束的，他们对美国经济有信心。然而最重要的是，他们知道现在买房子比以后再买要便宜。这样一来，生意确实很兴隆。"

之后她很有信心地说："齐格先生，你在华盛顿有熟人吗？"

"有的，我有个侄子在那儿上学。"他说。

"不、不，我是问你在华盛顿是不是认识一些有政治影响的人？"

"没有，恐怕不认识。但是你为什么要问这个？"

她答道："我在考虑，假如你认识的人能使这场罢工再持续6个星期，只需6个星期，那么我今年就可以甩手不干了。"

一个人由于罢工而破落，另一个却由于罢工而发财了。外部条件完全相同，但他们的态度却大相径庭。所以说，生意好坏从来不是由外界决定的，而是由你的大脑决定的。假如你的思维凝滞了，你的事业也会停滞不前。假如你的思想对头，你的事业也会兴旺发达。假如你看到了一些成功人士的经历，你会发现，很多人开始时甚至比你起步的条件还糟，但他们成功了。原因是他们有成功的愿望。林肯认为："一个人决定实现某种幸福，他就一定会得到这种幸福。"也就是说：成功的条件只需要有一个，你就注定有成功的希望，它就是你希望成功，并始终相信自己会成功，且永远都不停止努力！

金额细分法

　　不管什么东西，只要你在市场上出售，也不管你的产品定价是多少，总会有人说价格太高。"太贵了！"这恐怕是任何一个推销员都曾遇到过的最常见的异议。顾客还可能会说"我可以以更便宜的价格在其他地方买到这种产品""我还是等价格下跌时再买这种产品吧""我还是想买便宜点的"等等。

　　对于这类反对意见，假如你不想降低价格的话，你就必须向对方证明，你的产品的价格是合理的，是产品价值的正确反映，使对方觉得你的产品值那个价格。

　　实际上，在齐格·齐格勒几十年的推销生涯里，第一个重要的推销技巧是从妻子那里学来的。那是1968年刚到达拉斯的时候，齐格·齐格勒急需购买一套房子。在房屋中介商的介绍下，他们四处看了看，但没有一套能让他满意，这些房子要么设计得不合理，要么价钱贵得离谱。好不容易相中了一套，中介商的报价却让一家人晕倒，齐格·齐格勒怀疑中间商是在往死里勒索他。

　　因此，齐格·齐格勒和妻子只好暂时居住在旅馆，后来，由于忙碌，齐格·齐格勒让妻子珍妮再随中介商看几处。有一天，珍妮回来说："亲爱的，万一我们找到了梦想中的家园，我们还可以再多投资多少钱？"

　　在此之前，齐格·齐格勒和妻子商量买房的费用最多不能超过20000美元。这在现在来说可能不算什么，但在当时却是一笔不小的数目。

　　"20000美元，我们最多可以再投这么多了，这是上限。"齐格·齐格勒说。

　　"亲爱的，我找到属于我们梦想的家园了，它真的棒极了！它的占地很大，拥有4个房间，宽敞的后院足以让你盖一座箭形的游泳池，你不是一直说要有这样的游泳池吗？每一个房间都有一个大衣橱。"

"它的要价是多少？"齐格·齐格勒插嘴问道。

"亲爱的，你得去看看你才会相信，它的小客厅大的不得了，车库也宽敞十足，我们不但可以停放我们的两部车，还可以容纳我们所有的工具。还有，亲爱的，主卧房非常之大，我们得要有一部坐在其上操纵的吸尘器才行！"

"但是，亲爱的，"齐格·齐格勒再次打断她的话，"要多少钱……"

"38000美元，亲爱的。"

"天啊！比我们预计要多出至少18000美元。"

"但是你一定会爱上它的。最棒的一点是，你可以在车库那片11平方英尺的地面上，盖一间小型的办公室，这样你就能够在里面写作了，你不是一直说要写些东西吗？"

经过一番讨论之后，齐格·齐格勒同意前去看一看这栋房子，并且和开发商碰上一面，实际上他并不想买。

隔天傍晚，在齐格·齐格勒将车子开上这栋房子的车道，走进前门时，他知道惹上大麻烦了。这栋房子特别漂亮，他马上就想买下来——但是在想要与真正得到之间，通常存在着难以跨越的鸿沟啊！

齐格·齐格勒开始以销售生涯中潜在主顾对待他的方式，来对待这名开发商。即使他十分有兴趣并且感到兴奋不已，但他还是表现出一副冷淡的态度，好像他一点也不在乎会不会买下它。他确实很害怕表露出对这栋房子的兴趣，因为齐格·齐格勒只要发出一点轻微的暗示，他将更难对妻子与这名开发商说"不"。

他只是答应妻子说到了那里只参观一下房子的内部。珍妮首先带他来到了小客厅，并带着不可遏制的热情对说："亲爱的，看看这个小客厅的尺寸，那些横梁不是很漂亮吗？"

她还未等齐格·齐格勒回答又接下去说："你看看你的写字台，它的旁边满是书架，可以放置你的书。"当走到主卧房，她仍旧热情不减地对他说："亲爱的，看看这个房间的大小，它足够放一张国王尺寸的大床，我们还可以把我们那两把椅子及那张桌子放在这里。这对我们来说真是太完美了，因为我们喜欢在早晨醒来时喝一杯咖啡，共度宁静的片刻。"

她在说这些话的时候，好像这里的一切都已经是自己的一样。然后她又来到房屋的后面，说："将来我们可以在这里盖一座你喜欢的箭形游泳池。那边就是车库，有足够的空间停放两部车子。而且还有那边一大块空地，我们可以建一座你一直想要的办公室。"当这趟参观行程结束后，她问："你觉得怎么样，亲爱的？"很明显的，在她还未提出这个问题之前，她就知道答案了。她知道齐格·齐格勒喜欢这栋房子。假如齐格·齐格勒说了任何负面的字眼，那一定不是真心的。

"这真是一个漂亮的家，但是你清楚我们是没有能力负担这种房子的。"齐格·齐格勒告诉妻子。

她避开了这个问题，一直到第二天清晨她才说："亲爱的，你想我们会在达拉斯住多久？""嗯，30年。"齐格·齐格勒说。当时他是40岁，认为自己的寿命至少还有这么多年。

"那么18000美元除以30，每一年是多少钱？"她问。

"每一年是600百美元。"齐格·齐格勒很快就算出来了，她则好像一点也不知道这个确切数目是多少一样。

"一个月要多少钱？"她继续问。

"一个月50美元。"

"一天要多少钱？"

"一天大约是1.7美元，亲爱的，你问我这些问题做什么？"齐格·齐格勒说。

"亲爱的，我可以再问你一个问题吗？"

齐格·齐格勒知道自己已经一步步陷入她设置的陷阱了，但还是说：

"当然，为什么不？"

"亲爱的，你愿意每天多花1.7美元来拥有一个快乐的太太——而不只是一个太太吗？"

齐格·齐格勒还需要再说下去吗？你们知道今天他住在哪里了吧。

从妻子对他推销的方法上，他学到了不少东西。首先，就像任何一名销售人员一样，当他说负担不起时，她拒绝听到齐格·齐格勒提出任何负面的话。

很多推销员通常都在这个节骨眼上打住了，实际上他们应该聪明地听而不闻。而珍妮进行得如此顺利的原因是，她一点也没有表现出防御的态度，或是好辩与敌对的行为。综观她整个的推销过程，她满怀热情乐观地相信，她一定会做成这笔生意。

此外，当齐格·齐格勒说到无力负担时，她也没有加以辩解——销售人员很容易在这点上犯错误。她很清楚她要达成的只是一笔18000美元的生意。在还没开始看房子之前，她已经让齐格·齐格勒接受了她制定的购屋预算，她甚至让齐格·齐格勒接受了支付一笔20000美元额外费用的想法。就像任何一名超级销售人员一样，她不需要再讨论原本就已决定的事了。

同样，假如一名潜在主顾告诉你他的预算是20万美元，而你的产品要价是23万美元时，你必须了解的一项基本要点是，你不需要推销一件价值23万美元的东西，只要让他接受3万美元的额外价格即可。

在你与客户谈到成交阶段的敏感话题——即需要客户预付的金额时，最明智的做法就是想办法把金额的总数分解转化成客户将得到的利益，从而淡化客户的敏感度。

[聊聊自己 的私事]

在许多时候，你与客户交谈中，不妨先和对方聊聊家常，让顾客了解你的背景和生活情形，以减轻其防卫心理，使彼此的交谈气氛更为轻松。而你也可以从与对方的谈话中捕捉到对你推销有利的资讯，让顾客对你产生信任。聊聊自己的私事，这也是产品销售的最好方法之一。

当你为顾客进行商品讲解时，有一个方法可以阻止顾客存有再作考虑的打算。"您好，史密斯先生，我是山姆·约翰逊，您叫我山姆好了，千万别叫我先生。"这样的态度让顾客觉得你并不是在跟他推销，而是在跟他交朋友。你不必告诉他你所推销商品的价值，只要告诉他其他顾客为什么会买你的东西，经他仔细盘算后，这笔生意一定能够成交。

这种促销方式，便是以"初步说明"来分散顾客对商品所怀有的抗拒与排斥感。在顾客的印象中，他只认为听到别人购买的理由，而听不见任何一句促销之语，这样可以排解他的紧张与压力。假如这时你说："假如你想买，当然很好，相反的，如果你不想买……"这种带有询问语气的话，正可刺激他采取购买行动。

在这关键时刻，你一定不能留有让他发言的余地，否则就功败垂成了，你必须一气呵成地说完整句话，让对方感受到你的坚定态度。

一般而言，这种以接近顾客心理为重点的推销方法特别有效，假如你是使用"请你买下这东西，好吗"这样的字句，只能更加强顾客的抗拒心理。

总之，在整个谈话过程中，你诚恳、坚定的态度相当重要。与顾客交谈时，一定要使其对你所介绍的东西产生兴趣，否则会导致顾客产生厌烦之感。

当你试探他的购买意愿时，他一定会说："让我考虑考虑吧！"假如你能以明确而直接的言辞说出自己的主张，那么顾客情绪便会随着你的引导进入亢奋状态。而假如你是一副温吞吞、懒洋洋的模样，便会大大地降低顾客对商品的关心程度。所以，你必须通过自己的说话方式去吸引顾客的心，这才是最重要的。

在交谈中，表示想向顾客学习某些方面的知识，这样彼此的关系会更为亲近。不过谈论的话题最好与商品无关，以免让对方起疑。

推销心理战术运用得是否恰当，是交易能否成功的关键。买卖双方在进行交易时，所有有关销售的事项都是影响交易的因素。

推销洽谈时，买卖双方一次谈成的情况特别少，顾客经常会做出这样或那样的不利于成交甚至拒绝成交的反应，表现为对采取购买行为的否定，推销活动中将这些情况称为购买异议。

毋庸置疑，顾客提出的异议是推销过程中的障碍，但假如顾客对某一销售的产品无动于衷的话，他是不会提出异议的。因此，从某种意义上说，顾客是否提出异议是他对产品是否感兴趣的指示器。要想让顾客购买商品，你必须积极而热忱地介绍商品，想方设法地激发对方的购买冲动，以顺利成交。

顾客提出异议是很正常的，不妨这样想想，当一个陌生的推销员向你推销某种商品时，你是怎样做的？假如你懂得每个顾客都有权提出异议，那你就不会因此而感到沮丧，也不会因此而惊慌失措了。

推销员在面对顾客的怀疑时必须产生一种敏锐的反应，但前提条件是要控制好自己的感情，应用心理战术，判断出顾客的类型及其个性、喜好等个人因素，然后再选择最适当的推销战术，不过，推销员对商品的特性应有详细的了解，如此才能让顾客满意地接受。在商品推销说明结束前，假如想要客户购买你的商品，别忘了说一句："你是我所遇见的顾客中最好的一个。"这是特别重要的。

但是，什么时候才是说这句话的最好时机呢？实际上，只要不在推销说明结束后都是可以的，否则极易被顾客认为你并不是真心的，而只是在奉承他而已。

所以，进行商品推销说明时，你应该说以下这些话："或许你会认为我是为了推销而说，但我仍然要告诉你，不管你是否购买我的商品，对我来说，你是我所遇见的顾客中最好的一个。因此，我很乐意为你效劳，你使我的工作变得轻松有趣。"

这番话会使他认为你是个诚实的人。而在说完这番话后，不必等顾客回答，可以直接继续进行商品说明。这样一来，你所说的话将永远留在顾客心中，使他久久不能忘怀。当交易快完成的时候，顾客会再重新评估你的话是否诚实可靠，然后，他再做一个肯定的答复。

切记，你的顾客不光是购买你的产品，实际上他们因为你而购买，并为你销售产品。

上门推销
的技巧

当你前往客户的家进行拜访时，你所驾驶的车子必须停在离顾客家稍微远的地方，约一户人家的距离。这样一来，你可以利用到客户家的这段距离最后调整一下心情，或端整仪容。

在敲门前，你手里最好别拿任何有关销售的资料，原因是那很容易使你变得紧张兮兮。你空着两手，站在客户的面前就会很自然地做自我介绍。

在做这样的销售拜访时，齐格·齐格勒常常会这样说："你好，我叫齐格，是一个厨房用品推销员，这么唐突拜访不知是否会打扰到您。"或者他会说："你的家真漂亮啊，像一个美丽的花园。"

当你到顾客家中推销不锈钢橱柜时，或许你会使用样本来做商品说明。然而，齐格·齐格勒通常不会这么做，他会将顾客带到户外，让他看看自己家中需要多大的尺寸，同时让他站着或蹲着与齐格交谈。让顾客亲自参与时，他的购买热情一定会上升的。

在你的谈话进行到一个阶段时，你不妨突然地向客户借个电话——"我是否能用一下你的电话？"这是一个小小的技巧，但你的表情必须像是有个重要的约会在等着你似的。这样做的好处是能增加你与客户谈话的良好氛围。当顾客需要他人帮忙时，你必须积极地主动帮忙，即使只是一件小事，都可能有深远的影响。尽管这是件很简单的事，但却容易被推销员忽略而影响交易。

即使你所出售的商品只是一颗毫不起眼的石头，然而你依然需要以天鹅绒将它包装起来后展现在顾客眼前，以强调出它的特质和价值，这是推销界最著名的比喻。利用这种方法的意义在于让顾客相信，即使是外表普通的商品，也蕴含着丰富的价值。

当你向顾客推销汽车或家电用品时，绝对不可以用手去敲打，而只能谨慎而仔细地触摸，使顾客在无形中感受到商品的尊贵与价值。

同时，为了加深顾客对商品的印象，在进行商品说明时，你必须将它的特征放在最后说明。另外特别重要的一点是，在商谈成交的最后阶段，你要先观察在这个家庭中，谁是财政收支的决策者，特别在这一次，谁是影响付账的关键人物，由于客户家中可能有老人和孩子，或者夫妇双方都在场，因此你必须观察谁是购买的决定者。

有一次，齐格·齐格勒去一位客户家进行推销，在他与客户谈到最后阶段时，他的儿子从外面回来，当看到他的父亲选的商品时，一口就否定了："这种太难看了，而且用着也不方便，别要了。"

客户的儿子大概有十七八岁的样子，这样的孩子正处在自以为是的年龄。齐格·齐格勒顿时发觉这次推销的成功与否，关键在这个孩子身上。他随即见风使舵与这个孩子聊了起来，把产品的大样图纸拿出来让孩子选看。那孩子一下子看中了一个精致小巧的商品。

"这个还可以。"他指着那款设计精美，但容积很小的商品说。

"哦，这个的确很美观，但不太适合人多的家庭使用。"齐格·齐格勒看到那孩子认同地点着头。"不如这一款，"齐格·齐格勒指着另外一个相同样式但容积较大的商品说，"你看，这个就比较适合你们家使用。"随即，他又说道："看，你已经是一个大小伙了，那口小锅做的饭还不够你一个人吃的呢。"孩子听后不好意思地笑了起来。最后他做了决定，买下了齐格·齐格勒推荐的商品，他的父亲很高兴地付了账。

当你与一对夫妇或一群人进行洽谈时，假如你看错目标，不仅浪费时间，而且会让人轻视你，这样一来，你的交易必然失败。当然这就需要你耐心观察。一般来说，对商品询问最多，同时表示出极大兴趣的人一定不是关键人物。

齐格·齐格勒曾遇见一个保险推销员，当他们在聊这个话题时，保险销售员说起了他的一次推销经历。

"那是一个星期天，我上门拜访一位客户。这是一个三口之家，客户的儿子已经上高中了，似乎对保险非常感兴趣，在我对他父亲介绍商品的过程中，他不断地提出问题，于是我就对他的问题进行解答。当结束拜访时，我却没能拿到订单。后来我才发觉，那次拜访最大的失误就是我把问话最多的人——客户的儿子当成了主角。"

实际上，这位推销员失败在没有对客户进行观察，这样的孩子对购买保险这样重要的事情是没有决定权的，他源源不断地提出问题，只不过是对保险充满好奇而已。

假如你上门推销的对象是一对年轻的夫妇，你要考虑好他们目前的经济状况，大部分年轻夫妇尽管在经济上稍感拮据，不过他们总是会在外人面前尽量隐瞒。他们思想乐观，想要改变现状，假如推销员能表现出诚心交往的态度，他们是不会拒绝交易的。

对于这类顾客，你必须表现出自己的热诚，进行商品说明时，可刺激他们的购买欲望。同时在交谈中不妨谈谈彼此的生活背景、未来、情感等问题，这种亲切的交谈方式很容易促使他们冲动购买。

但是，你必须考虑这类顾客的经济能力，所以，在进行商品说明时，以尽量不增加顾客的心理负担为原则。总之，只要对商品具有信心，再稍受刺激，他们自然会购买。

上门推销最重要的是和他们交朋友，让对方能相信你。你必须对其家人表示关怀之意，而对其本身，则予以推崇与肯定，同时说明商品与其美好的未来有着密不可分的关联。这样一来，他在高兴之余，生意自然成交了。

假如你的推销现场有很多人，那么你要务必找对谁才是隐藏在背后的真正顾客。如果你在某一个机构推销，要想迅速在一大群人中找出他们的领导者，那么你就要观察一些人在说话前的眼神。通常，有很多人在说话前会看着某一个人，此人便是他们的领导者。

假如这种方法依然不能使你看明白时，你可以向这一群人当中的某一人询问一些重要的问题，假如此人是领导者，他会准确地回答你的问题，但若不是时，他就会转向领导者请求援助。

这种简单的观察法，可以避免浪费时间及交易失败。确认出谁是领导者后，你就可以进行最有效的商品推销说明了。

暗示的力量

许多时候，暗示也是一种有效的推销手段。只要在交易一开始，利用这种方式，提供一些暗示，顾客的心理就会变得非常积极。一旦进入交易中期阶段时，顾客虽会考虑你所提供的暗示，却不会太过认真。然而当你试探顾客的购买意愿时，他可能会再度想起那个暗示，而且还会认为是自己所发现的呢！

顾客不断地讨价还价，或许会使商谈的时间延长，办理"成交"，又需一些琐碎的手续。这些疲惫使顾客在不知不觉中将这种暗示当作自己所独创的想法，而忽略了这是他人所提供的巧妙暗示。因此顾客一定会很热心地进行商谈，直到成交为止。

越能操纵这种方法，越能发挥其力量，成效也最大。假如你能适当地加以运用，可使最顽固的顾客也听从你的指示，交易甚至会出乎你所预料地顺利，使那些顽固的顾客在不知不觉间点头答应成交。

有些顾客，自以为无所不知、无所不能，认为不必与推销员打交道也可以买到最好的商品。遇到这种顾客，最好的应付方法便是运用本法，让他乖乖地合作。和这种类型的顾客交谈时，你可以表现出一种毫不关心的客气态度，对出售商品毫不在乎的样子。比如说以冷淡的态度让顾客觉得你并不是那么在乎与他成交。而当你表现出这种态度时，一定会引起顾客的好奇心和兴趣。

道理非常简单，假如推销员被认为不认真推销，或是没有能力推销，或是在行动上显示推销与否并无关紧要时，顾客一定很想证明推销员的失职情况，亦即是想表示自己是个重要人物，应该多受他人注意，于是就会购买他们的商品了。

应付这种顾客，你可以这样讲："先生，我们的商品并不是随便向什么人都推销的，您知道吗？"此时，不论你向顾客说什么，顾客都会开始对你发生兴趣的。

"敝公司是一家高度专业化的不动产公司，专门为特殊的顾客服务。本公司对顾客和服务项目都经过精细的选择，这点相信您也有所闻吧！首先，请你谅解，顾客必须要有适当的条件。当然能符合这个条件的人并不多。然而，偶尔总有例外情形，您了解我所说的话吗？"

之后，再稍微向顾客谈谈生意上的事。"假如你想知道我们的服务事项，我可以找些资料来。在讨论资料之前，您要不要先申请简易的分期付款手续呢？这非但可以节省您的时间，同时可以方便我们的合作。"

顾客同意了，开始表示出想购买的态度来，而你呢？还是装出毫不关心的样子。一旦时机成熟，你就要稳健而热诚地为顾客服务，改用经常使用的方法来应付就可以了。这种方法可以使用于讨价还价的阶段，在这个时候，你必须先散播些"暗示的种子"，它就可使商谈顺利进行。

这种"暗示的种子"可使顾客本身更为积极，是让顾客也想早些达成交易的一种催化剂。尽管这是你所安排的手段，但顾客一直到达成交易时，仍错认为是自己所设计的呢。在刚开始谈生意时，你就要向顾客做有意的商品暗示或肯定暗示。

——"先生，假如您家里装饰时用上我们公司的产品，那必然成为这附近最漂亮的房子！"

——"在这个经济不景气的时期，购买本公司的商品一定可以让您赚钱。"

当你做出"暗示"之后，要给顾客一些的时间，让这些暗示慢慢渗透到顾客的思想里，进入到顾客的潜意识中。

当你觉得这是探询顾客购买意愿的最佳机会时，你可以说："先生，你曾经参观过这一带的住宅吧，府上确实是其中最高级的。怎么样，买我们的商品，让您的生活空间又增添了情趣吧！每个为人父母者，都想要自己的子女接受良好的教育，你是否曾经想过如何避免沉重的经济负担呢？建议您向本公司投资如何？"

"你有权力用自己的资金购买最好的商品。现在请您把握机会，购买我们的商品吧！"有时候，推销员销售的产品整售要比零售效果更好，也就是说，商品假如是成套的，或是必须同时几个一起购买时，你必须让顾客事先知道。

例如你推销的是不动产，你要让顾客知道，这块土地必须连同其他一起购买，不能只买其中之一。

当进入订购的阶段时，你可以说："这块地总价×××元，你认为如何？"假如顾客因为资金不足而有所顾虑时，你不妨先暂时离开一会儿，再回到座位说："刚刚我和上司商量过，您似乎很喜欢另外一块土地。本公司的意思是，只要您能保密，我们愿意分售这块土地给您。对您来说，应该较合适吧！您看怎么样？"

采用这种方法，大多数都可以成交出售。甚至有些顾客还会这么认为："难道我只买得起一块地吗？"

暗示最大的妙处就在于让顾客觉得自己有购买的义务，例如在拜访客户的时候，最好是在做第二次拜访的时候，你可以让自己表现得舟车劳顿的样子，或者让衣服的显眼处沾点油漆等，这样一来，当你和客户见面的时候，对方必定会向你询问原由，这时你可以这样说："没关系，刚才因为怕错过与您见面的机会，不小心弄上的……"

这尽管只是一个小小的技巧，但却能让顾客对你留下深刻的印象，这种方法特别简单，且有惊人的效果。

在顾客心中，他会认为你是由于他而变得如此狼狈，对你的遭遇，他深表同情和感动。当你们之间已存在如此微妙的关系时，便已接近成交阶段了。

当然，你不能表现得过于露骨，让顾客一看便是一种故意和伪装。

总而言之，在推销中，你要想尽一切办法为你的推销成功铺设任何可行的道路，因为你的唯一目的就是让客户顺利签单。

第十二章

亚洲寿险代表

——齐藤竹之助

齐藤竹之助是日本20世纪60年代的著名推销大王,1959年创下日本最高销售记录,成为日本首席推销员。1963年,他的推销额高达12.26亿日元,成为美国MDRT协会的会员。1966年任朝日生命保险公司总代理店经理。随后四年中,他作为唯一的亚洲代表,连续四次出席MDRT协会举办的例会,并被该协会认定为终身会员。

齐藤竹之助
的成长经历

1919年，齐藤竹之助毕业于庆应大学经济学系。同年进入日本三井物产公司，后任三井总公司参事，1950年退休。1951年，57岁的齐藤竹之助为了偿还重债，成了朝日生命保险公司推销员。

齐藤竹之助进入朝日生命保险公司后，决定要成为公司首席推销员。当时朝日生命保险公司大约有两万名业务员，年过半百的他要脱颖而出，谈何容易！为了实现这一愿望，齐藤竹之助加倍努力地工作。

早晨5点钟一睁开眼，他就马上开始了一天的活动：躺在被窝里看书，思考推销方案；6点半钟往顾客家挂电话，最后决定访问的时间；7点钟吃早饭，与妻子商谈工作；8点钟到公司去上班；9点钟坐最喜爱的卡迪拉克轿车出去推销；下午6点钟下班回家；晚上8点开始读书，反省，安排新方案；11点准时就寝。这就是齐藤竹之助最典型的一天的生活。

1959年7月，是朝日保险公司的成立纪念日，齐藤竹之助全力以赴，第一次实现了1.4亿日元的月销售额。之后，11月又创造了2.8亿日元的新纪录，也是在这一年，他登上日本保险推销第一的宝座，成为日本首席推销员。

1963年，齐藤竹之助的年保费达12.26亿日元。这一年，他被美国的百万圆桌会议（MDRT）吸收为会员。在随后的四年中，他作为唯一的亚洲代表，连续四年出席例会，而最后被认定为MDRT终身会员.。在他首次出席例会的那一年，他的年销售额已突破了10亿日元大关，第二年达到17亿日元，第三年刚达到27亿日元。

齐藤竹之助这样总结他的经验："靠坚定信念而焕发斗志，动脑筋，想办法，不断创新，顽强地使推销获得成功，就一定能成为优秀推销员。"下面是他的成功"处方"：

· 研究竞争对手的策略和方法。

· 学习竞争对手的优点，改正自己的缺点。

· 赞美你的对手，不要攻击对手。

· 了解竞争对手曾犯过的错误，避免重蹈覆辙。

投向第二人生的热情

　　那是在1951年的夏天，齐藤竹之助到当时位于东京"丸之内"的朝日生命保险公司总部去拜访在庆应大学时期的同学行方孝吉。行方孝吉是朝日生命保险公司的总经理。齐藤竹之助是去找行方先生借钱。当时，他通过联合国军司令部某高级官员的介绍，正在筹备与美国一个实业家合营在日本设立一家资金为16亿元的贸易公司。

　　那是就连八幡制铁所也不过仅有一亿元资金的时代，拥有16亿元资金无疑将成为日本首屈一指的大公司。齐藤竹之助将担任该公司的常务董事。但是，既然担任董事，不拿出一定数目的资金是不大好的。没有股份的董事，没有什么发言权，也没有威信，一旦发生什么事情难免会被排挤出来。"为了确保常务董事的宝座，我不管怎样也需要拿出一千万元的资金。然而在当时对我来说，是没有这么多钱的。我只有求助于朋友、熟人。所以，首先拜访行方先生。"

　　行方总经理坐在沙发上，静静地听完齐藤竹之助的话，之后不慌不忙地直起身来说道："这个差事确实不错，只是我没有能力借给你这么多钱，也许你认为，对我来说诸如五百万、一千万元的资金是很容易出来的吧？然而，我这里周转的资金并不是我的，而是很多的顾客存进来的宝贵资金。虽然我是总经理，也不能擅自决定出借……不过，依我看，你还不如来搞生命保险推销呢。像你这样的性格，交际又广，区区五百万、一千万元是轻而易举可以搞到手的。而且生命保险推销，对于男子汉大丈夫来说，确实是值得一干的工作呢。"

　　听了行方总经理的话，齐藤竹之助一时惊呆住了，真想站起来一走了事。他心想：自己好歹毕业于庆应大学经济系。战前供职于与住友、三菱并肩平列、属于三大财阀之一的三井物产公司，一直做到监督一系列子公司的三井总公司参事。

第二次世界大战结束后，财阀被解散，齐藤竹之助退职离开三井公司。之后，他也曾在统管全日本的国外回归者、战争受害者事宜的卫生福利团体——中央卫生、福利事业总部担任常务理事，还被推选参加参议院议员的全国竞选。现在让他做生命保险推销员，真是岂有此理……齐藤竹之助这样想着，一时惊呆住了。但是平心静气地仔细一想，行方的话也确有一番道理。

目前的齐藤竹之助已经从公司退休，并且由于参加参议院议员竞选落选欠下一笔重债。竞选时花费了150万元，在卫生福利事业上投资170万元，共计从别人手里借了320万元的巨款。加入现在筹借不到这笔款项，不久将会被借款所逼，把全家引向绝路。好吧，试着照行方说的办法做做看吧……

行方经理对生命保险事业的坚定信念和热情，深深地打动了齐藤竹之助的心，他越来越感到行方经理的话充满了魅力。就这样，他做了生命保险推销员。作为朝日生命保险公司外务员的正式登记是在1952年1月，但在此之前，他就断断续续地开始了推销。

只要干起来，什么都能办到。在江户时代，与杉田玄白合作把著名的《解剖新论》从荷兰语的原版本翻译成日语的前野良泽（荷兰语学家），是从47岁时开始，踏上钻研新学问里程的。在此之前，前野良泽不过是个普通的中医而已。

有一次，前野良泽在一个名叫坂江鸥的荷兰语学家那儿看到了当时属于珍本的荷兰医学书籍。从此，他开始学习荷兰语。"别人能够弄懂的，我也一定能弄懂。好，干吧，一定会成功的。"前野良泽下定决心，努力学习，终于成功地翻译了《解剖新论》。

对于一般的人来说，一过中年，身体和精神便逐渐趋向衰退。然而没必要因此而认为"从现在开始干已经迟了"。这句话对于我们人类来说是不存在的。"只要干，就能成功。"无论到了多大年纪，只要有"干劲"，不管什么事情，都没有做不成的。只要有"干"的信心，什么"身体与精神上的衰退"，都会变得无影无踪。相反，它还会使你恢复活力，返老还童。

行方总经理让齐藤竹之助搞推销的时候，他比这位有名的前野良泽还要年长十岁。尽管这样，为了开创自己的第二人生，还是起了"干"的念头。

当年齐藤竹之助从庆应大学毕业时就下决心，进入三井物产公司后，一定要当经理。他心想：为了达到这个目标，不管什么事情，都要努力干到底。但是，进入公司之后才知道自己的目标不可能达到。原因是三井物产公司的经理，必须由三井家族的人来担当。既然如此，他就决定把三井物产公司作为锻炼自己成长的场所。为了将来的第二人生，齐藤竹之助要在这里把自己锻炼成一个真正的人。所谓第二人生，是指退休之后的人生。他认为：唯有在刚开始工作时就考虑到退休后的事情，才能在退休后有一个光辉灿烂的未来。他就是以此为目标而努力工作的。

[要与贝德格比高低]

齐藤竹之助在进入朝日生命保险公司后，首先决定自己要成为公司首席推销员。他就像前面说过的那样，首先选定目标，然后开始行动。

一旦决定了的事情，就要不顾一切地去干。于是，齐藤竹之助开始了各种学习。他找来所有能找得到的国内外有关涉及推销员成功的书籍，用心阅读并以书中所列事例作为典型，训练自己的头脑。

其中，对齐藤竹之助影响最深的是美国生命保险推销大王佛朗哥·贝德格写的《我是如何在销售外交上获得成功的》一书。

贝德格在从事生命保险推销员之前，是职业棒球选手。作为大联赛中最有希望夺魁的某著名球队的三垒手活跃在球坛。但是，在一次比赛中，他的手腕受伤，所以不得不退出球坛。他怀着阴郁的心情回到自己的故乡——佛罗里达州，谋求到的职业是当生命保险推销员。

　　但是，贝德格的工作总也不见成效。有一个时期，由于屡次失败，他甚至想甩手不干。然而他最后还是坚持下来，克服了很多的困难，终于成为了第一流推销员，积累了大量财富，花费7万美元巨款购置豪华的邸宅，在40岁时功成名就，从第一线引退。

　　贝德格把自己从事推销工作中关于失败与成功的各种体会，以"搞商业经营要一心一意，这样做必定成功"等标题，归纳为35个部分写了出来。

　　于是齐藤竹之助把这本书带在身边，在从琦玉县吹上自家住宅到浦和支社的上班途中，无论是在火车上也好，电车上也好，都专心致志地每天反复阅读。而且他暗暗发誓：一定要象贝德格那样获得成功，一定要和贝德格争个高低！

　　据说，日本已故总理大臣石桥湛山把经济学者J·M·凯恩斯的著作《雇佣，利息及货币的一般理论》带在身边翻来覆去地读了30年。同样，齐藤竹之助也经常从书架上取下贝德格的书来阅读，给自己增添力量。

我的信念是
争当世界第一

1952年初春，齐藤竹之助迈出了作为朝日生命保险公司推销员的第一步，内心充满了希望。他第一个拜访的对象是东邦人造丝公司。而这家公司的经理佐佐木义彦曾是他的老朋友。齐藤竹之助决定先从熟悉的地方发起进攻，或许不论哪个推销员大概都是先从找关系开始入手的吧。

当时的东邦人造丝公司生意十分兴隆，股票价格迅速增加，公司充满了生气。正是了解到这些情况之后，齐藤竹之助才开始行动的。他被引进经理的房间，心理感到从未有过的紧张。但是一想到这是新的人生的开端，他的心情就马上兴奋起来。尽管很忙，佐佐木经理还是愉快地会见了齐藤竹之助。他对佐佐木经理说："我搞推销，是因为尽管生命保险对于社会很有必要，但愿意购买、加入保险的人却很少。既然对社会有益，就应该有人来干。因此，我搞起了这项工作。另外，就我个人来说，也需要钱。为了开辟获得收入的道路，我一定要干好这项工作。现在，我已经没有三井物产公司做强大后盾了。对我来说，现在是新的工作，新的人生。无论如何请您能与我进行洽谈。"

佐佐木经理"嗯，嗯"地点着头，对齐藤竹之助说道："既然如此，让我把总务部长叫来吧，我现在很忙，详细情况请跟总务部长谈吧。"佐佐木经理把他介绍给总务部长后，就起身离开了。但他对总务部长说："我和齐藤先生是老朋友了，请认真与他洽谈。"齐藤竹之助听到此话，非常感激。心想：有这样的老朋友实在庆幸。

他跟总务部长说明了大致情况即告辞出来。但是，当他走过收发室时，却遭到意外的打击。收发员说："您好像也是生命保险的推销员吧？但是，有那位先生插手进来，怕是不好办呢。"他告诉齐藤竹之助，第一生命保险公司的渡边幸吉先生来了。果然，在正门外停着豪华的"卡迪拉克"，正是渡边幸吉和诊断医师乘坐的轿车。幸吉先生当时在生命保险推销界，是号称日本第一的老手。齐藤竹之助在一旁看着那黑颜色、闪闪发光的高级轿车，感到一种沉重的败北感压上心头。是就此作罢，还是一直努力到最后？这两个念头，在他头脑里打着转儿。

然而，齐藤竹之助不久就想开了。怎么能认输呢？从此以后，不管是睡觉还是走路，他的脑子里想到的只有这一件事。齐藤竹之助还制定出一份详细的计划，那是一份不管提问哪一点，不管谁提出质问，都可以从中找到完整答案的庞大计划。第二天，他带上计划，来到东帮人造丝公司，再次拜访总务部长。

"和幸吉先生相比，我不过是个初出茅庐的新手，深感自愧。但是，如果部长能够抽空审查、研究一下这份计划，将使我感到万分荣幸，无论如何请您多关照。"齐藤竹之助这样说着，放下计划就告辞了。之后一连几天，他天天来访打听情况。

在"要超过卡迪拉克"这个信念在激励下齐藤竹之助一直在不懈地努力。

"你可真能干啊！"最终，收发员对齐藤竹之助说道。齐藤竹之助在每次访问时，都深深感到，要想使自己的意志贯彻始终是多么艰难，然而收发员的这句话，使他受到很大鼓舞，努力吧，就会成功的。他更加起劲地每天拜访。

"不管是多么困难的推销，只要能以诚意和热忱相待，就必定成功……"齐藤竹之助翻来覆去的背诵着贝德格的这句话。终于有一天，总务部长打电话叫他立刻过去，盼望已久的时刻终于来到了。齐藤竹之助不禁拍手叫好，急忙奔向东帮人造丝公司。一进经理室，佐佐木经理和总务部长就微笑着站起身来迎接。

"齐藤君，让你多次奔波，辛苦了。我们决定和你签订2000万元的合同，因为你的计划写得很出色。祝贺你！"这样说着，佐佐木社长紧紧握住了他的手。齐藤竹之助顿时热泪盈眶。

这一瞬间，为了这一瞬间的成功，齐藤竹之助付出了多大的努力啊！终于胜利了，终于战胜了那辆"卡迪拉克"，这些天来的辛劳总算没有白费。

……不久，齐藤竹之助告辞出来，走到大门口时，已看不到那辆黑色的高级轿车了。当他想到这是靠自己的努力把它赶走时，内心无比激动。他让收发员也分享了成功的喜悦。

"承您多次关照，十分感谢。今后，还要请您多多帮助……"

齐藤竹之助向收发员致谢。这是他成为推销员后第一次如此快活地讲话。

［一碗素汤面 吃了三年］

在访问东帮人造丝公司的同时，齐藤竹之助还对各行各业的顾客进行了造访。其中有第一流公司的干部、中小企业的经理，还有家庭主妇等等。只要有一线希望，他就逐个地依次去推销。

幸运是的，因为他在三井物产公司这样的大公司里呆过，因此和许多大公司的高管们都有密切交往，通过他们又结识了很多一般保险员所难以结交的顾客。利用这种关系，齐藤竹之助选择了与普通保险相比，付出的精力相同，但是一次就能大笔成交的事业保险作为主攻目标。

那是齐藤竹之助到青山学院大学去推销事业保险时的事情。他乘火车到东京站，之后拐到"丸之内"的公司总部。由于从总部去青山学院要乘地铁，因此需要一直步行走到京桥。但是乘上地铁之后，不知想起什么事情，他莫名其妙地在青山一丁目车站下了车。青山学院却是在神宫前车站的附近。但是，他已经没有足够的钱再次乘车了。无奈之下，只好步行去青山学院。当时正是炎热夏日的中午，他的全身都被汗水浸透了。嗓子渴得冒烟，肚子也饿得咕咕直响。然而别说进茶馆，就连吃午饭的钱也没有。

好不容易走到青山学院，他从收发室的姑娘手中接过茶杯一饮而尽。他还想再喝一杯，于是就说："想要吃药，请再给倒一杯。茶水、开水都行。"这是无奈之下齐藤竹之助编出的谎言。收发室的姑娘非常热情，又倒一杯茶递过来。靠这两杯茶水，才使饥肠得以暂时的缓和。所谓"喝足茶水也能充饥"就是指的这种情况吧。

过了一会儿，与校长会见，签订完合同，齐藤竹之助走出了大门。由于离涉谷车站不远，就步行到那里去。途中偶尔从一家饭店的门前经过，他的眼睛不由地被吸引过去，朝里面张望着，向价格表上最便宜的部分看去，上面写着"鱼汤面，20元"。"好，这点钱，我还付得起。"于是他安下心来，买了碗面条，狼吞虎咽地吃下去。这样他才得以坚持回到自己的家。

就这样，在齐藤竹之助刚开始从事推销的时候，生活是非常贫困的。但因为脑子里整天想的是"一定要成为日本第一位推销员"，因此他丝毫不感到艰苦。他的午饭经常是一碗20元的素汤面，这种情况大约坚持了三年之久，每当他想起来都是感慨万分。

五年后成为全公司第一

1957年，齐藤竹之助在朝日生命保险公司赢得"首席推销员"的称号。因为以事业保险为中心的推销奏效，他在全公司两万名推销员中取得最好成绩。

作为一名外务员，能在进入公司第五年就取得如此的成绩，实在令人高兴。这时，他已还清了所有借款，生活也逐渐富裕起来。搞推销工作所感受到的苦恼和乐趣，使他体会到职业和人生是一个不可分割的总体。

劝他从事推销工作的行方总经理已经离开人世，但齐藤竹之助依然对他深怀感激之情。作为一名推销员而生存是齐藤竹之助的第二人生，他在成长过程中越来越深刻地感觉到这一点。并且他在心中发誓：现在已经成为朝日公司第一了，还要继续努力争当全日本第一。原因是他想：自己既然以推销作为职业，这当然就是唯一的目标。

一次，公司举办使全体优秀推销员汇聚一堂的优胜者招待会。席间，当时的藤川博经理对他说道："齐藤君，在不远的将来，你一定能够成为日本首席推销员。我相信你有能力在一个月内完成3亿元销售额。希望你更加努力。"

藤川经理的话给了齐藤竹之助非常大鼓舞，他紧紧握住藤川经理伸过的手，心里暗暗发誓：好，一定加油。在日本大约有85万名外务员，要在这些人中争当第一，成了齐藤竹之助的愿望。

当时，在生命保险业中名列前矛的一流推销员是第一生命保险公司的渡边幸吉氏、明治生命保险公司的原一平氏、木下重男氏等人。要与这些"豪强"并列，并且彻底超过他们，必须付出相当的努力。而且，这些"豪强"们早在战前就是保险业的铁腕人物了，像齐藤竹之助这样一个当外务员刚刚五年的人，在他们看来，仅仅是个无名小卒呢。但是，就是这个无名小卒，却目光炯炯，以猛虎下山之势，向他们发起了挑战。

齐藤竹之助带着这个愿望不断地努力，两年以后，即在1959年，他终于创造出全年销售额为8659.18万的优异成绩，登上了日本第一的宝座。

那年7月，是朝日生命保险公司的成立纪念月。他全力以赴，第一次实现了14000万元的月销售额。之后，11月又是生命保险的关键月，是牵动整个行业，称之为"推销大战"的一个月。在这个月里，齐藤竹之助又努力奋斗，创造了整个行业前所未有的28000万元的新记录。

就这样，齐藤竹之助在当年成为了日本首席推销员。关于他的消息，开始刊登在报纸、杂志上。对于自己的名字出现在报刊杂志上，他非常高兴，但同时又想起，对于此事，比他自己更为高兴的人应该有两位。

其中一位就是他的母亲。还是在他的儿童时代，母亲就经常教育他："作为一名男子汉，假如不成为堪称日本第一、世界第一的人物就枉为一生。你父亲是一个胸无大志的人，希望你能成为大企业家，让我高兴。"

据说，父亲是个非常老实的人，因为其他的缘故，致使家产倾荡一空。当齐藤竹之助懂事的时候，家境非常贫穷。他尽管没有如母亲所说的那样成为大企业家，但作为推销员达到了日本第一。纵观汽车、缝纫机、乐器、现金记录器以及其他所有推销行业，除他之外，没有人能在短短的一年间出售高达六亿八千万元的商品。母亲，真正地为他感到高兴。

另一位，自然是行方经理了。

正是行方经理讲"你能够很快搞到五百万、一千万元"劝他从事推销工作的。齐藤竹之助跪在故友的灵台前，双手捧上成绩表，"行方哟，你为我高兴吧，终于成为日本第一了。这全是托你的福。因为听了你的劝告，我才得以成为日本第一。"齐藤竹之助从内心对他表示感谢，并且对自己当时那一瞬间的犹豫深感羞愧。行方经理的遗孀寿子女士，也对他的成功深怀喜悦之情。

……其后不久，齐藤竹之助又幸运地在成交数量方面创造了世界纪录。

总之，齐藤竹之助在57岁时当推销员，直到74岁时，还未考虑过要败给年轻人。他说他还能像现在这样大干三十年。人，只要胸怀目标，就能永葆青春。

第十三章

顶级营销大师

——戴维·考珀

戴维·考珀是世界上最成功的保险营销大师之一，当他1958年开始自己的保险生涯时他已经接近破产，并且连续三个月没有卖出一份保险；现在，他是MDRT最早的顶级会员，曾售出过价值1亿美元的单笔保单。

不一样的思考
造就不一样的成就

戴维·考珀是世界上最成功的保险营销大师之一，1957年他从苏格兰移民加拿大，然而当他1958年开始自己的保险生涯时，他已经频临破产，并且连续三个月没有卖出一份保险；现在，他是MDRT最早的顶级会员，曾售出过价值1亿美元的单笔保单。

考珀认为自己并没有做销售的天赋，然而他独创的营销策略，展示了一个保险推销人员的骄傲和乐趣所在。每一次推销都是一次精神交锋和智慧历险，掌握其中的要诀后，就能胜出最大把握。不管怎样，一副卓越的头脑都能带来启发和感悟。

[巨型铅笔的故事]

没做保险之前，戴维·考珀做过涂料推销员，当时史蒂文公司是他一直想合作的一家大公司。

由于这家公司部分归属于新英格兰涂料公司，使用的涂料自然完全由新英格兰涂料公司来供应，但新英格兰公司所提供的涂料经受不了冬季寒冷的气候，而考珀的一家供货商正好有合适的涂料，因此戴维·考珀一直向史蒂文公司推荐这种产品。但是史蒂文公司的约翰却一点都不改变态度，他们与新英格兰涂料公司的合作如此紧密，使别的供货商根本无法插足。

戴维·考珀并不气馁，他每隔几个星期都会带着咖啡和糕点和约翰会一次面，他们相处得很愉快，但约翰却从不提买涂料的事。戴维·考珀绞尽脑汁，他告诉约翰关于这种涂料的优点，也保证给他最大的优惠，并且经常带小吃来拜访他，但要促使约翰签单购买，他做的似乎还不够，还缺什么呢?

一次在去史蒂文公司的路上，戴维·考珀无意看见路边一堆废弃物中有一支长约4英尺作为展示品的巨型塑料铅笔模型，他把这支巨型铅笔带上了。

当约翰看见这支巨型铅笔时，特别惊讶。

戴维·考珀说，这是一支巨型铅笔，就让它帮助你签一下涂料采购订单吧。

约翰笑了，这支巨型铅笔似乎表明永不放弃。

当然，约翰签下了订单。

戴维·考珀认为，决定与史蒂文公司签订这笔交易的并不是那支巨型铅笔，那支铅笔可以是能带来帮助的任何一种事物，但是成功需要的是以创新的方法去冒险的勇气。

第一笔
保险交易

　　进入保险业后，戴维·考珀并不是很快就取得了成功，相反，一路上他也曾挣扎过，犯过不少错误，然而在这个行业最初的几个月里，他明白了一个道理——怎样去生存，而他所使用的生存策略就是"创造性生存"。

　　纽约人寿保险面试第一关是写下100个人的名单，100个非常容易接近并能把保险卖给他们的名单。问题不大，戴维·考珀第二天带着名单来到纽约人寿，被录用了。

　　之后，他参加了为期6天的培训课程，而这次培训则要求他对所列出的100个人尝试保险销售。他联络了名单上所有的人，除了部分已经有了代理人，另外一些是根本不愿意买保险。后来，他开始搜索电话号码簿，而得到的回答大都没什么两样，如：

　　"我不需要什么保险，不要再打电话了。"

　　"我已经有代理人了，谢谢！"

　　"卖保险的！滚开！"

　　"不，谢谢！"

　　"我爸爸不在家。"

　　这种糟糕的情形一直延续了将近3个月，他没有卖出一份保单。按公司规定，只有在最后的两天时间里做成一笔保单销售，才能避免被解聘，这也意味着他要在两天内完成两个多月都不曾完成的任务。

　　最后一天下午的5点，尽管已经接近最后时刻了，他还是没有做成一笔保险销售。在回家的街上，恰巧他看到一个人在卡车后面放置梯子，他快步赶上前。

这是个穿着破旧牛仔衣、破旧靴子，看起来非常疲惫的中年男子，一个修理屋顶的屋面工人，看见戴维·考珀迎向他表现得非常惊讶。

戴维·考珀和他随意打了个招呼，今天怎么样。

他回答，感觉特别累。

戴维·考珀问，做屋顶这样的工作是否必须要有良好的身体状况，假如有一天他突然从屋顶摔落下来怎么办。

屋面工人耸耸肩说去医院。

戴维·考珀继续问，那谁来照顾你的妻子和孩子。

屋面工人沉默了一下，说不知道。

戴维·考珀告诉他，现在有一个特别为屋面工设计的计划，在出现意外的情况下，他的妻子和孩子将会得到充分的照顾，而且他还会得到应得的工钱。

第二天，戴维·考珀带着第一笔保险销售的保单，走进了纽约人寿。

永远
保持热情

　　很多保险代理人在职业生涯中，都会经历对他们来说具有特殊意义的时刻，也就在这个时刻，他们意识到自己所销售的保险对于客户有多么重要的价值，并永远燃点他们推销的热情。

　　一次，戴维·考珀去拜访一位名叫托尼的准客户，他刚从意大利移民来加拿大，在一家工厂工作，他的妻子在家操持家务并照顾3个孩子。

　　戴维·考珀向托尼讲解了为他量身订做的保险计划，假如他每年能抽出一小笔钱来投保，在他离去时，他的家人会得到很好的照应。托尼听了很满意，但是他妻子玛丽却很反对。玛丽认为与保费投入相比，生活其他方面的开支有更大的需要。最终托尼只好婉拒了戴维·考珀的保险计划。

　　时隔几年后，戴维·考珀偶然经过托尼的住所，看见他家房子的草坪上摆着一块"待售"的牌子，于是他再次拜访了这里。

　　几年不见，玛丽一身灰暗的衣服，头发也有些花白了，比那时要显得憔悴许多。原来托尼几个月前离开了人世，而他生前没有购买保险，所以他的妻子玛丽没有收入也没有积蓄，却必须独自面对抚养3个孩子的责任。

　　玛丽带戴维·考珀看了墙角边一台绿色的大冰箱，当时，就是用托尼原打算投保的钱买了这台冰箱，但是现在因为偿还不起这栋房子的贷款，她只能将房子卖了。

　　戴维·考珀几乎要与玛丽一起掉泪了。这是他保险销售职业生涯中的重要时刻，假如他坚持，就不会让悲剧发生了。

　　这件事永远地改变了他对他所推销的产品、客户以及他在他们中所起的作用的看法。要成功地销售保险产品，仅仅对产品了解是远远不够的，只有对销售的保险承诺充满热情并始终保持热情的状态，才能使保险在承诺中产生改变人们生活的重要力量。

人生就像
夜间驾车

在进入保险业之前，戴维·考珀曾在苏格兰从事过室内装潢，他非常清楚这份工作的艰辛：装修工人需要在窄小的高空从事细致而沉重的装饰工作，经常会累得腰酸背痛、手脚僵硬，危险无处不在。许多人意识到这份工作绝非长久之计，都梦想着有朝一日能够脱离苦海。戴维·考珀相信，运用寿险产品可以解除装修工人的后顾之忧。因此他开始选择装修工人作为自己的目标细分市场。

"凯利，你干这工作多长时间了？"

"不长。"

"那么你的计划是什么？"考珀问道。

"什么计划？"凯利被问得没有头绪，一头雾水。

"我是说，你总不能一辈子干这个吧，你得对将来有个打算吧。"

"那倒是。"凯利不可置否。

"那么将来你结束这份工作以后，怎么办呢？"

"我也不知道。"凯利无奈地答道。

"我觉得，既然你无法依靠政府，就必须自力更生。"

"怎么才能自力更生呢？"

考珀沉默了一阵，以便让凯利自己先思考一下这个问题。

考珀接着说："凯利，假如你现在开始储蓄计划，每月能存上多少钱？"

"我不知道。"凯利摇摇头。看来，他根本就没有想过。

"1000美元？"考珀问道。

凯利大笑起来，看来这个数字太不切实际。

"1美元？"

这次凯利又不屑地暗暗笑了一下。

"那么我猜你每月能存的钱肯定是介于1美元到1000美元之间了。大约40美元对吗？"

"大约25美元。"

"你会把这25美元用做什么样的储蓄计划呢？"

"我不明白你的意思。"

"我是说通过这个计划你想做些什么事情。例如你肯定想从这些存款中得到丰厚的回报。"

"当然。"

"还有别的吗？

"我不知道，难道你从储蓄计划中还可以得到别的吗？"凯利对此话题的兴趣被考珀一点点地调动起来。这时考珀并没有心浮气躁，而是继续引导他思考投保计划对他以后生活的影响。

"假如你因受伤而不能继续工作，情况会如何呢？"考珀继续引导，"假如你不能工作，就没有了收入，假如你没有了收入，你怎么能实施你的储蓄计划呢？"

"我想是这样的。"凯利说道。

"但假如有这样一种储蓄计划，即使你丧失了工作能力，没有了收入，你的储蓄额仍会继续增长，你会采用这种储蓄吗？"

"当然了。"

"当出现紧急情况急需用钱时，你一定希望能从这一计划中拿到急用的钱，对吗？"凯利点头。"我想，你也希望能从这一计划中得到足够的养老金。"他又点了点头。"如果万一你在未退休之前不幸去世，你希望这一计划可以立刻向你的家人提供你最初计划存的钱数。"凯利的脸上露出了吃惊的表情。

考珀又大声重复道："假如你生前不能完成你的储蓄计划，到你去世时，这一计划将替你完成。"

凯利睁大了眼睛："这就是人们所说的人寿保险吗？"他问道，眼里透出怀疑的神色。

"是的，"考珀解释道，"如果你不幸去世，你的家人会得到死亡补偿金。我们的生命是由时间构成的，每个人的时间都是有限的，一些人去世得早，一些人去世得晚，但是最终我们都会离开这个世界，最好的储蓄计划应该将各种可能性都考虑到。"

考珀接着说："如果有一天你厌倦了这种繁重的工作，不愿每天筋疲力尽地回到家，你就希望开展自己的业务，不愿再受雇于人，干繁重的体力活，是吧？"

"我确实很想这样。"凯利诚恳地说，眼中满是期待地眼神。

"那么你或许需要去银行贷款，银行需要了解你是什么样的人，他们想知道你是否是值得依赖的人。假如你加入到我们谈论的这个计划中来，你可用你的储蓄计划说服他们，你是值得依赖的，由于你多年来一直在坚持支付这笔钱。你还可以从你存的钱中抽出一笔来开展自己的业务，这种计划不是包含了我们所谈论的各种益处吗？"

"你说得很有道理，但是如果某个月因故不能支付呢？"

"这一月你能支付吗？"考珀问道。

"没问题。"

"下一个月呢？"

"也没有问题。"

"再一个月呢？"

"我想可以吧，但我不知道以后的情况如何。比如说6个月之后能否支付，我就不能确定了。"

"6个月之后会发生什么事？"

"我不知道。"

"假设夜晚你驾车去拜访一位朋友，你打开车灯，能看清前面多远的距离？"

"大约600英尺吧。"

"你能看清600英尺以外的路吗？"

"当然不能。"

"你从这儿开车出发，车灯只能让你看清一段距离，但行驶完这一段距离后，你又能看清下一段距离，下一段距离行驶完后，又能看清下一段。这样一段一段地行驶，直到你的目的地。"凯利认真地听着，考珀接着说："人生就和夜间驾车一样，你现在只能看清下几个月的情况，等几个月之后，你又能看清再下几个月的情况。"

"我明白了。"凯利说道。

接着凯利毫不迟疑地购买了人寿保险。在同一周里，考珀又成功地向凯利的同事们销售了人寿保险。

考珀之所以选择装修工人为销售对象，是由于他特别了解他们的工作内容及生活状况。他可以感同身受地以自己经历过的事实及由此产生的情感，准确地预测出准客户生活中的难点，这是本案例成交最关键的因素。

准客户在未来的生活中会缺乏什么，想要什么，仅仅靠猜测往往是事倍功半的。你的推断与对方的需求很可能像火车的两条铁轨，永远不会交汇在一起。你说你的，他想他的，你就是对牛弹琴，毫无效果可言。最有效的途径就是你与准客户有着类似的生活经历，就像患过重病，重获新生的人都会更加珍惜时间，享受生活，你没有这个经历就不会有这种认知。什么叫设身处地？那就是你曾经经历过的事实，恰好准客户正在经历着，你才可以把自己对亲身经历的认知复制给准客户，使他产生了共鸣，引起了他的关注。因此，相似的生活经历，就可以形成一个沟通的特定环境，即相似性拉近了双方的心理距离。

只不过戴维·考珀与凯利的相似恰好是工作内容上的相似，又引起了对未来想要什么的相似。但是，大多数情况下你与准客户的相似之处与他在理财方面的难点是毫不相关的，你就需要一个媒介，也就是制造一个双方共同参与某一个活动的机会或契机。这样你们之间就变得相近了，你就有了可以深入了解对方信息的机会，从而找出对方的难点问题。

　　但是，难点从何而来？一是你的亲身经历与准客户的相似，你把你当时的难点复制到他的经历之中；二是你充分了解了对方的素材，即对方具体的工作内容或生活状况，预测出他的难点。我们可以假设，假如戴维·考珀没有做过装修工人，可他却了解到凯利在工作时，要不时地登高，在非常狭窄的空间，弯腰弓背的装饰墙壁门窗、雕刻花纹，或安装装饰品；一天工作结束，常常是精疲力尽，腰酸背疼，他会不会想到凯利的难点是什么？你会想到吗？你已经想到了是吧，那么考珀一定也可以想到。

　　原因是不管是把你或者是考珀放在那样一个工作环境，你们都会迫切希望尽快地摆脱如此繁重的劳动，这就是人追求舒适的本性。但是假如你不了解凯利的实际工作情形，又怎么能找到他的难点，以拉近你们之间的距离呢？因此，相似的经历也好，制造一个相识的特定环境也罢，最终你都要去深入了解准客户的工作内容或生活状况，掌握详尽的素材，你才可以预测他的难点。

　　人们对于保险的了解限于皮毛，其认知明显带有偏见。这些偏见一是准客户的亲身经历，二是道听途说。可准客户却先入为主，形成了消极的印象。怎么办呢？有些代理人并不专业，只会说一些模棱两可、似是而非、无关痛痒、没有实际内容的空话。实际上，这反而会加深准客户对保险的偏见，你的滔滔不绝、信口雌黄成了人家偏见的证明。

　　还有些代理人只知其一不知其二，试图以强势的推销行为，无可辩驳的推理去纠正准客户的偏见，这同样是徒劳的。由于人的偏见是由经感官验证的"事实"形成的一种认知态度，你否定了他的认知，就等于否定了他这个人，他肯定是不会接受的。

我们可以分析考珀的做法，在准确地找出凯利工作中的难点以后，考珀通过引导把难点在各方面的影响一一重现在凯利的面前：退休后的养老问题，应急的问题，受伤或身故以后的问题，以及创业资本的问题，这种暗示借由提问的方式，一步步地造成了凯利对解决难点的紧迫感。也就是说，难点是敲门砖，它启动了准客户对解决问题的深层思考，这个过程其实就是带着准客户深入地了解寿险到底是怎么回事。

当然，这一过程也是准客户的需求被揭示与满足的过程：你不是希望储蓄可以得到丰厚的回报吗？不是希望在受伤不能工作时也不会中断储蓄吗？不是想投资做点别的吗？不是希望家人会得到保障吗？那好，我给你提供的计划就可以做到，你怎么能不赶快的行动呢？关键是你要谈准客户自身的问题，而不是一群人普遍存在的问题，谈他自己的问题他就不可能无动于衷了。由于随着你层次化的引导，他对问题的思考也会越来越深入，越来越周密细致，他考虑清楚了就开始行动了。总之，你要给准客户分析为什么，而不是只告诉他怎样做。就像准客户病了，你告诉他吃什么药可以治愈，恐怕他不见得就相信你。你要分析他为什么会得病，你推荐的药它的治病原理是什么，这样才更有说服力。

作为沟通的工具，类比是把抽象化的事物形象化、生活化，使人们可以更好地理解事物的本质，也就是用事物A来隐喻事物B，而A与B的运作原理及规律是相近的。大千世界，万殊一本，一本万殊，都要遵循某些自然法则。问题是你首先要掌握这些法则，搞清楚这些法则的证明过程，才可以触景生情，举一返三。至于怎样类比，用什么可以类比什么，并没有一定之规，完全在于你的临场发挥。

保单本来就是无形化的产品，其理念又是非常抽象、空泛的，这就必然使准客户不知所措、难以理解。你告诉准客户保险是一种人人为我、我为人人的互助形式，他能理解吗？不见得。而假如你告诉他，保险就像你去购买了彩票，成为一个入围者，成了千千万万购买了这种玩法的彩民中的一员，你才可能有机会获得大奖。

假如你还没有购买彩票，你一点获奖的机会都不存在。保险也是一样，购买了相同条款的保单的客户，就购成了一个群体，大家虽然互不相识，每人缴一点钱合起来就是一个大数就可以办大事了：你遇到紧急变故时，大家就可以帮你渡过难关。同时把钱给专家一起运作一下，还可能获得丰厚的回报，提高金钱的使用效率。这样讲就通俗了许多，也就比较容易理解了。

考珀用夜间驾车来比喻如何实现你的储蓄计划，你可不可以用别的事物来比喻呢？你可以想想看，你抚养你的孩子，从小学到大学到工作，结婚生子，这个漫长的过程你不也是一天天地走过来的吗？10年以后你的孩子会怎么样，你能预测得到吗？你不会因为感觉抚养孩子太难了，或你认为孩子将来肯定成不了材就干脆抛弃他吧。

因此，类比物处处皆是，只要你用心去观察体会，深入研究与掌握保单销售的专业化原理，你就会像考珀那样出口成章，举一反三。这是一个水到渠成、瓜熟蒂落的过程。

第十四章

最年轻的顶尖业务员

——亚力山卓·福特

亚力山卓·福特——21岁进入保险业，23岁即成为英国保险的最顶尖业务员，也同时成为MDRT（百万圆桌会议）有史以来最年轻的顶尖会员（TOP OF TABLE），业绩是一般MDRT会员的六倍，是首位获得寿险机构MDRT推崇的"全球四位最佳寿险业务员"之一。在10年的寿险工作中，他有8年都名列顶尖会员。他认为成功和失败的差别就在于你敢不敢改变，并且要有勇气去面对接踵而来的挑战！亚力山卓·福特虽然是在寿险界服务，但是他独特的创新行销观念及务实做法，已成为各行各业杰出企业家及成功人士急欲了解并学习运用的全球顶尖营销信息。

在细节处
下功夫

1968年，亚力山卓·福特出生了。在那段平凡的就学岁月里，他曾为自己立下不同的志向，当中包括医生、教师、演员及警察。在机缘巧合下，他遇上一位与他家人熟悉的朋友。这位刚刚开创自己的金融顾问事业的乡亲，就在那次偶遇下，为亚历山卓·福特开启了寿险事业的大门。

经过一段迷茫期后，亚历山卓·福特不再安于行政工作，决定朝着自己完全陌生的事业方面发展。他花了不少时间研读及收听有关成功寿险业者的书籍及录音带。后来苦读有成，他终于成为首位获得寿险机构MDRT推荐为"全球四位最佳寿险业务员"之一。

现今，亚历山卓·福特已被视为新时代中顶尖企业实践家及演说家之一，不少人仍然盼望亚历山卓·福特能与他们分享那些富于创新，但又简明可行的观念。

亚历山卓·福特21岁进入保险业，23岁即成为英国保险的最顶尖业务员，也同时成为MDRT有史以来最年轻的顶尖会员（Top of Table，业绩是一般MDRT会员的六倍），在10年的寿险工作中，他有8年都名列顶尖会员！他认为成功和失败的差别就在你敢不敢改变，并且要有勇气去面对接踵而来的挑战！亚历山卓·福特虽然是在寿险界服务，但是他独特创新行销观念及实务做法，已成为各行各业杰出企业家及成功人士，急欲了解并学习运用的全球顶尖营销信息。

亚力山卓·福特是这样积累人脉资源的：

开始于12位客户。

福特知道，单单这12位客户带来的资源毕竟是有限的，它不会创造辉煌的事业。假如这样下去的话，他的保险事业将寸步难行。于是他想，"我有12位客户，假如我这12位客户的每一个客户都有12个朋友，如果这12位客户都愿意为我转介绍的话，那么我就会有144位客户。服务好这144位客户之后，如果这些客户都愿意为我转介绍的话，那我就有1728位客户……"人与人都是相互吸引的，百万富翁一般与百万富翁在一起，亿万富翁一般与亿万富翁在一起。你的朋友一般跟你差不多。那么，亚力山卓·福特是如何让这些客户为他转介绍的呢？

1. 请客户吃饭

亚力山卓·福特的做法就是请客户吃饭，但他在饭局上从不谈客户的事情，只谈自己的事业。

2. 与其他的专业人士结盟，通过现有的客户发现同盟关系

可以透过其中的一个客户来发展同盟，例如可以跟会计师、律师结盟，因为会计师、律师身旁有很多特别有价值的潜在客户。福特就是与会计师、律师结盟，他向会计师说："我跟你的客户也有生意上的往来，他建议我打电话给你，我请你帮忙转介绍其他的客户给我，我想把我的客户也介绍给你。"

3. 开客户交流会

每过一段时间，福特都会在一个适当的时间——大多数是周末，邀请他事业中的前15位客户聚在一起开交流会，他让每个客户说出自己的要求和需要帮助的地方。这种交流会，类似于说明会、讲解会。被邀请的这些客户都愿意参加。为什么？因为，在这个交流会上，他们会得到一些意外的收获和帮助，可以寻找到更多的事业机会。

4. 与媒体合作

不管是电视、报纸、广播，都成为福特扩大人脉的载体或工具。媒体的力量是很大的，它可以创造你的人生，也可以毁灭你的人生。福特经常在电视上、广播上做嘉宾或是主持，在报纸上写专栏，当然最后他还会留下自己的联

络方式。

5. 写不平凡的信

福特写信从不流于俗套，信写得特别简短，一是祝贺对方取得的非凡成就，说他们有事业上的共同点，很想和对方见见面；二是在信的最后，写上一句"我需要你的帮助"。福特说："这句话尽管平淡，但效果却出奇得好，因为所有顶尖的成功人士在追求成功的路上，都会有许多的困难要别人的帮助，同时也得到了许多人的帮助。他会懂得这句话的含意。他也会很乐意帮你。"

对于想创业的人来讲，人脉资源显得尤其重要。因为圈子就这么大，你平时的为人处世，都会影响你的人脉。而良好的人脉总会为你奠定一个无形的创业基础。因此，一定不要为了追求一时的利益得罪了你的人脉，这种影响将是长远的危害。

我的生命规则

亚力山卓·福特有八个最重要的生命规则。第一，原则上是绝对无法妥协的。第二，决不放弃。第三，要有一个看得见的未来。第四，知道自己在坚持什么，设定高的标准，就算特别困难，也要勇于去挑战。第五，花少一点时间在管理上，花多一点时间在领导上。第六，激发他人的潜能，雇佣你觉得最好的人才，把责任和权力授予他们。第七，对自己有自信，同时也信任他人。第八，做错了，要自己承担责任，成功的话，要归功于别人，做一个正直的人，有做人的勇气。

除了这些简单的规则之外，他还有一个简单的方法是"录音带"。他会选择给他的客户寄录音带。为什么呢？原因是别人在上下班的路上，在车上就可以听这个录音带。假如你要跟一个公司的CEO或执行长官沟通的话，我们希望在他们相对空闲的时候传达，而不是上班比较忙的时候。

假如你把要沟通的讯息录在录音带上，再装在比较好的信封里，你几乎就可以确保这份录音带一定可以送到你想要送到的那个人手里。因为秘书看到相对重要的信封都不敢打开，而且看上去还像私人物品，那么就更不敢打开了。这个方法能够凸显送件人的特质。假如潜在客户觉得我们的服务特别有创意的话，他们接受我们服务的几率就会大增。当然，寄录音带需要一些成本，但是这些成本和所能带给你的利润相比，简直是微不足道。

有一次，亚力山卓·福特凭一卷录音带所得到的回报是录音带成本的1100倍。他称之为不寻常的开发客源。这并不是说录音带一定能够解决行销中碰到的所有问题，只是鼓励大家，看你们能不能用其他的方法来推销。

另外一个很简单的方法就是"饮料单"。回想一下你上次拜访别人的公司时发生了什么，那么你的客户来到你的公司你会问什么问题。别人会问你，是喝茶还是咖啡。全世界所有的办公室里面，秘书都会问客户要喝茶还是咖啡。我们为什么要和大家一样呢？我们就会提供一份饮料单，上面有一系列不同的饮料。不同的茶、不同的咖啡、不同的矿泉水，客户可以自己选要喝的饮料。这只是一个不同的方法而已，但是假如今天提供的饮料非常特别，在别的地方喝不到的话，要确保这种饮料的来源是源源不断的。有的客户会专门点一种比较少见的饮料，看你是不是真的拿得出来。

亚力山卓·福特的客户有的住在几百千米远的地方，为了鼓励他们来找自己，他在社区里找一个想要赚零用钱的小男孩，请这些小男孩在客户跟我们见面的时候帮他们洗车子。而且，福特绝对不会事先告诉客户，等他们会面结束后一出来，亲眼看到自己的车子的时候，他就觉得这一切都值得了，因为成本实在太低了。他也并不是告诉各位，帮客户洗车就能解决所有的行销问题，但是提供这种特别不寻常的服务，可以带来非常好的公关宣传效果。

提供好的服务有很多的方法，亚力山卓·福特说的好服务是指那些特别优秀的服务。想一想你的客户，是不是在你想要卖东西给他的时候才会打电话给他，还是你打电话跟别人打个招呼就行了。福特在成交后都会打一个电话，他称之为"客户满意电话"，或许只是想说声"谢谢"而已。福特会雇佣一些人专门打客户满意电话。客户知道以后会非常感激这次合作，这样就可以和客户建立长期的和谐的关系。同时这也是一个非常好的回馈系统，可以听听客户有什么意见。

实际上使自己的事业拓展，最好的方法、最好的来源就是现有的客户群。福特认为，为客户提供好的服务是最重要的。在他的公司有一种合作公约，放在柜台里，所有来的人都能看到。这份公约规范了公司事业运作的一些规则，电话在五响内一定会有人接；在两天之内回客户的信件；做不到的话，公司会退款给客户。

　　当然，他承认事业不可能永远没有问题。除了预防问题的发生，是不是还应该想一些策略来解决这些问题呢？假如客户遇到问题，我们给他的解决让他很满意，那么他对我们公司的忠诚度比那些从来没有遇到问题的客户的忠诚度还要高一倍。假如你的客户觉得你不关心他们，忽略他们，他打电话给你，你不回电话，约会的时候迟到，这样的话，你的客户就会觉得你的服务品质有问题。

　　建立一个成功的事业是大家的梦想，但是这并不表示我们必须每天都要忙碌地工作。要拓展事业，最好的方法就是取得现有客户的支援。为什么你不找出你前20名的客户有哪些，给他们每一个人打电话，问他们是不是能帮助你拓展你的事业。他们会说"当然没问题了，你需要我怎么做？""我想多拜访像您这样的客户。因为您一定会认识很多跟您一样有成就的人。"跟前20名的客户接触，最大的好处就是你可以得到质的保证，而不是只有量而已。假如你能让你的客户帮助你拓展你的事业的话，你可以有更多的机会拓展事业，而不是每天忙于寻找新的客户。

　　另外一个拓展事业的方法，就是去接触其他行业的专业人士。这些专业人士都有自己的客户，这种客户是要能互惠的。你做什么事业并不重要，因为我们的每一个客户都会需要其他行业的专业服务。为什么你不跟其他行业特别值得信赖的专业顾问一起合作拓展生意呢？这些专业的顾问可以为你提供一些附加服务，以此来增加你自己的服务的附加值。同样的道理，这些专业人士如果有机会接触新的客户，他们当然愿意接受啊。

我自己的标语
跟别人的不一样

我们可以做自己最擅长的事，而不用浪费时间在其他的事情上面。

亚力山卓·福特能够享有11年的成功，是因为他有非常正面积极的心态，他喜欢做不一样的事情，最重要的是，他希望能从工作中得到乐趣，他希望跟他合作的人，也能够从中得到乐趣。

实际上，所有成功的人，都希望能有一些乐趣。亚力山卓·福特会在办公室里贴一些写有激励话语的标语，但他的标语就跟别人的不一样，他希望他的员工、他的客户在看到这些标语时，能够会心一笑。他的标语是：

"老鹰会展翅高飞，但是黄鼠狼绝对不会被飞机撞到。"

"如果周围一片混乱，而你还非常冷静，就表示你根本搞不清楚事情有多严重。"

"绝对不要低估一群很笨的人！"

"你会不断地挨揍，直到你有士气为止。"

"团队合作，就是什么过错都不要归在我身上。"

他的每一位员工，每三个月都会有一个快乐日。这不是公众假期，在快乐日那一天，他们不能工作，违反者在那一年都不会再有快乐日了。对福特来说，快乐在于创造新的机会，有新的想法。他希望提到过的新的想法，能够清楚地表达他所说的意思。

亚力山卓·福特在开发客户的时候为了让自己保持有乐趣，他每周还会写一封信，写给那些最不可能成为他客户的对象。可能是一家大公司的CEO，或者一个非常有名的人。他写信告诉他们自己对他们的成就非常敬佩，毕竟每个人都喜欢听好话，不是吗？信上还会介绍一下他自己，信不会太长，非常简短。但是信里面一定会有以下的话："我有一些好的想法，我相信您一定能够好好地运用到您的事业上。"这样的信实际上就是把一颗小小的种子种在客户心里面。

写这种信有两个非常重要的原因，一个是大企业要回绝你的方式总是非常客气，这种客气可能会让你感觉比较舒服。拓展到这种高级主管，他们一定会了解你的体会，了解你的处境，因为他们也是白手起家的，所以要鼓励你，一定要设定高远的目标。

另一个也是最重要的，每写10封信里面，会有4个人回信的，其中有一个人可能会带来非常大的生意。原因其实特别有趣，大企业里面的大老板、著名的人物，有时候会回信给福特，只是因为以前没有人敢跟他们联络，只有福特敢。总之，只有采取行动，你才会获得成功。

还有一个特别简单且很有效的方法是确保我们能够不断地在事业上采取正面的作为。那就是在办公室里写着"做""授权"和"放弃"这几个词，写在哪里都没关系，只要你看得到就好了。确保你做的每一件事都要符合这三个词的其中一个。

假如一件事情值得做的话，马上去做；假如一件事情是你不擅长的，或者你的时间很宝贵，你没有时间去做的话，马上授权给另外一个有能力做的人；任何不符合"做"或者"授权"的事情，建议放弃，根本不要去做。许多人常常把该做的事情一直往后拖延，或者把以后的事情拿到前面来做。你做什么事情，你怎么做，其实不是那么重要，开始去做，才是最重要的关键。

假如你现在同意，有一个好的开始，你去做，什么事情都可以，而且彻底地把它做完，每天反复这个过程就好。那么，你在你的行业里面，一定会晋升至前2%的行列。有一个问题，荷叶上有3只青蛙，一只决定要跳到池塘里面，叶子上还有几只青蛙？不是2只，是3只。因为那只青蛙只是决定要跳下去，还没有跳啊！

不管你有多成功，都要问自己，是不是有时候也会像那只青蛙一样。有人说成功会挑人，实际上不对，而是人去挑要不要成功。每个人都有选择，福特在事业上会接到很多客户的信函，也会接到客户家人寄的悲伤的信，因为他的客户去世了。他们给福特这么多的信任，让他感到特别的惶恐。

同样，你的客户在你身上放了这么多的信任，你也要感到特别的惶恐。你要确保一件事情，要有一个信念，我们做的每一件事情都能带来不同，你必须相信这一点。每天晚上你回到家的时候，问自己一个问题，今天有没有带来不同？你要不要达成你最大的潜能，还是把你的潜能藏起来，完全是你个人的决定。

我们每一个人都一样，但是每天要有动力，来面对大家都会面对的挑战。福特强调，成功并不是要当顶尖的，而是尽力、全身心地去做。要做的还有很多，必须好好想一下，"完美是正确，卓越是愿意失败；完美是恐惧，卓越是冒险；完美是生气、沮丧，卓越是力量；完美是控制，卓越是即兴；完美是判断，卓越是接受；完美是回报，卓越是付出；完美是疑虑，卓越是自信；完美是压力，卓越是自在；最重要的是，完美是结局，卓越是过程。"正如美国前首相丘吉尔所说："我们用得到的东西来生活，我们用我们的付出来创造生命。"

第十五章

保险营销顾问

——弗兰克·贝特格

弗兰克·贝特格，美国著名保险营销顾问，有史以来最伟大的保险推销员，曾创造过美国保险业多项第一名。他的经典名言是：成功不是用你一生所取得的地位来衡量的，而是用你克服的障碍来衡量。

用激情
点燃成功

　　弗兰克·贝特格的童年历经磨难。在他很小的时候，父亲就去世了。那时候，家里的生活面临着严重威胁，为了养活我们兄妹五人，母亲没日没夜地为别人缝补浆洗，换取一些微薄钞票，以便拯救我们一个个濒危的生命。

　　弗兰克·贝特格年龄稍大一点后，他开始上街向路人兜售报纸，每天挣几美分补贴家用。为了能多挣些钱，他常常在凌晨4点就开始工作，由于这个时候的车站、码头已经人头攒动了，并且，还没有其他报童在这里卖报，所以他不必担心因为抢了别人的生意而遭受毒打。生活的艰辛让他被迫辍学，当了一名机械师的助手，那时弗兰克·贝特格还没有念完中学。18岁的时候，他成为一名职业棒球选手。

　　后来弗兰克·贝特格离开了棒球队，回到老家费城找了一份工作，是为一个卖家具的商店收款。由于有的顾客在购买家具的时候采用了分期付款的方式，因此他的工作就是在期限结束的时候上门收钱，老板给的报酬是每天1美元。

　　在度过了一段郁闷消沉的时光后，弗兰克·贝特格应聘到一家人寿保险公司做了一名人寿保险推销员。最初做寿险推销的10个月是他生命中最灰暗最漫长的时光，每次外出推销都无一例外地空手而返。慢慢地，他仅有的最后一点自信也被残酷的现实吞噬殆尽。你根本就不适合做寿保推销员——这样的想法让他彻底对这项工作失去了兴趣。因此，弗兰克·贝特格每天的首要任务就是买来大量招聘类报纸翻找招聘信息。那时他看到一则招聘船员的启示，就想，当个船员也不错。可与此同时，他意识到自己不管做什么工作，内心都被一种莫名其妙的、复杂的情绪笼罩着，没有一点奋斗的信心。

后来，弗兰克·贝特格参加了戴尔·卡耐基的演讲训练课程。一次，弗兰克·贝特格发言完毕刚想坐下，卡耐基先生用手势制止了他。"请等一等，贝特格先生，你的讲话为什么没有力量呢？你缺少激情的发言大家没有谁会感兴趣的，你说呢？"随后，卡耐基先生以激昂和极具感染力的语气讲解了什么叫"激情"，讲到高潮处，他忽然拎起旁边一把座椅使劲摔在地上，并且摔坏了椅子的一条腿。

晚上回到家，弗兰克·贝特格躺在床上想起了在约翰斯顿队和纽黑文队打棒球的日子。整整一个小时，他的脑海中充满了这些过往片段，同时也感到让他离开棒球道路的东西现在又要来毁掉他的推销生涯。认识到这种不良状态后，弗兰克·贝特格告诉自己：贝特格，你要拿出在纽黑文队打球的那种发疯般的激情，投入到做推销员的工作中来！

他立即下定决心，要改变自己的生活，并继续留在保险业。他要把以前用于打棒球的激情，重新投入到自己的推销事业上去。这个决定正是他生命的转折点。每一位从事推销的人都会有第一次经历，而且这种经历大都令人难忘，弗兰克·贝特格也是如此。他忘不了隔天的第一次访问，这也是他决定勇往直前后的第一次尝试。他这个"不速之客"，要让对方感受到自己的激情与积极，所以他决定硬着头皮试一试。

弗兰克·贝特格激动地用拳头敲打桌子，本以为对方会大吃一惊，可能阻止他或责问他出了什么"毛病"，但对方看了他后，并没有说什么。

因此面谈有了进一步的机会。弗兰克·贝特格发觉，客人挺胸正坐、睁大眼睛地听着他说话，除了提问题外，他从未打断自己的话，也没有像自己事先想的那样将他赶出去。经过他的一番解说，客户最终买下了他的保险！这位客户就是艾尔·爱默生——费城的一名粮食经销商，后来他们成了特别要好的朋友。

从那一天起，弗兰克·贝特格推销保险的劲头与在球场一样，充满激情的奇妙力量对工作产生了很好的作用。当然，用拳头敲打桌子并不一定可以产生激情，但这样硬着头皮能使你的内心热烈起来，不信你也可以试试这一方法。借着这种方法消除自己的紧张，也未尝不是一个值得一试的良策。只要强迫自己散发激情，一旦需要热心参与某种活动，便能立刻感到这股激情的力量，进而勇往直前、迈向成功。

在弗兰克·贝特格25年的推销生涯中，他目睹过很多的例子，见过不少朋友因激情使薪水加倍，甚至增加三倍，同时也见过那些缺乏激情的推销员慢慢地走向一败涂地的境地。成功与失败的分别原本只是一线之隔。激情是推销成功的最大要素，也是唯一的要素。弗兰克·贝特格认识一位保险业的权威人士，他满腹知识，假如要写一本保险方面的书绝对绰绰有余，但他却无法以推销保险为生，其主要原因在于他缺乏激情与冲动。

热情是这个世界上最有价值的、也是最具有感染力的一种情感，不管什么时候，自己假如充满热情，和你交谈的人在无形之中也会被感染，从而愿意和你交谈；如果你表现得不够热情，那么你推销时所讲的话就如同在喜庆节日的餐桌吃到了发馊的饭菜一样，毫无新鲜感，甚至让人讨厌。

这个世界上没有成功的捷径，如果有，那就是一个人的激情。一个人充满激情并不单单是外在的表现，它会在你的内心形成一种习惯，然后通过你的言谈举止不自觉地表现出来，从而影响他人。这种习惯没有什么可以阻止你，更多时候，它有助于你摆脱怯弱心理的羁绊，走向成功的坦途。

那么，从今天开始，告诉自己每天都充满激情地投入到工作中，让激情占据你的内心，你的生命从此就会活力四射。

$$\left[\ \text{善于}\atop\text{亲近客户}\ \right]$$

　　弗兰克·贝特格是怎样和客户建立良好关系的呢？这源于他一次渡江的经历。那时，弗兰克·贝特格站在轮船的甲板上，看着船缓缓地偏离河心靠岸。他忽然发现，这种情形就像推销员在接近顾客，不觉心间一动，眼前的一切似乎让他学会了如何去接近客户。

　　在船接近码头的时候，一名船员把一头系着一个棒球大小东西的细绳子抛向岸边，岸上站着的人伸出手臂接住，随着他一把一把地把绳子往回拉，细绳连接的另一端粗缆绳也就被拉向码头，没多久，船就慢慢地靠岸了。

　　这个方法弗兰克·贝特格从来没有见过，他感到有些新奇，就此向船长请教。船长说："那根细绳叫抛接绳，像棒球的东西叫猴子爪。没有抛接绳和猴子爪我们没办法把粗缆绳抛到岸上。"弗兰克·贝特格终于找到了他失去很多潜在客户的原因。因为在以前的推销中，他总是想直接地把粗缆绳抛向岸边。

　　最典型的例子就是在前几天，他去一位面包批发商那里推销。当批发商知道他是保险推销员后特别不高兴，没说几句话，就毫不客气地把他轰出了面包房。弗兰克·贝特格分析，这是因为他来之前没有和人家预约的缘故，所以见面后，批发商根本就不知道他是干什么的，难怪人家会很生气。

　　事后弗兰克·贝特格发现，这是一个非常低级的错误。因此，在你向客户推销之前，你首先要做的就是怎样接近对方。最终他从客户身上得到的启迪，找到了如何接近客户的好方法：客户不喜欢那些看起来很邋遢和所属机构信誉不好的推销员，他们喜欢的是那些真诚、自然、能清晰客观表达的推销员；登门造访要提前预约，在电话里客气地询问客户自己来访是否给人家造成了不便，这样做要比一上门就推销更能让客户接受。

有一位推销员曾说了这样一句话："要想让客户尽快接受推销，有一个小窍门，那就是在10秒钟内介绍完你自己。也就是说，在推销保险之前，先把你自己推销出去。"当然，也可以采取迂回的策略。假如没有预约就去拜访客户，弗兰克·贝特格就会在他的楼下给他打电话说："我是保险公司的推销员，我叫弗兰克·贝特格，现在在你的邻居家，你现在能和我谈上几分钟吗？"

对方通常不会拒绝和你谈话，他们会问需要谈些什么，这个时候就是你接近客户的最佳时机，同时你也应该准备好该怎么提问。

实际上在很多时候，和客户接近并不需要什么客套话。弗兰克·贝特格有位朋友曾讲过这样一个故事：

"我做推销员之后才到过纽约，这是我第一次到大城市，也是我初次在大城市搞推销。我记得很清楚，那时我下了车后直接进了一家商店，老板正忙着招呼其他顾客，他5岁的女儿正在地板上玩耍。这个小女孩特别很可爱，于是我就和她一起玩耍，很快我们就成了好朋友。不一会儿，她父亲忙完了手中的事，我起身作自我介绍，他说他很久没有买保险了。我没有急于和他谈生意，而是转移话题谈起了他的女儿，谈到高兴处，他邀请我今晚到他家去，因为今天是小女孩的生日。于是我愉快地应允了。在纽约逛了一圈后，我带着简单但不乏精美的礼物回来参加那个小女孩的生日晚会，气氛很轻松，我一直呆到很晚才走。当然在此期间，他主动向我购买了保险。实际上，我并没有极力向他推销，我只是很友善地对待他的小女儿，这种结果是在意料之外又在意料之中。毫无疑问我和这位客户建立了良好的合作关系。"

"在推销过程中，接近客户的最好方式就是你要知道他们感兴趣的事情，这是我在25年的推销生涯中发现的。"他最后说道。

很多时候弗兰克·贝特格在想，尽管并不是每个人都有这样的机会，也不是总能和客户谈论他们所喜爱的事，然而，还是有很多方法能让你与他们交上朋友。

弗兰克·贝特格还有一位朋友也是一位出色的推销员，他说："我做推销员时，曾向纽约一位大制造商推销人寿保险，但没有一次成功。在我又一次来到他的办公室时，他很不耐烦地说没有时间，现在要出去吃午饭。我想我得用新办法了，于是我提出请他带我一起去，他略带惊讶地答应了。席间，我闭口不谈保险，回到他办公室后，他给了我一笔小订单。尽管数目很少，但那是我感觉最好的一次。此后我又陆续收到他的很多订单。"

1945年5月，弗兰克·贝特格在奥克拉荷马州艾尼特曾听过有关一位推销员丁恩·纽密塞的故事。纽密塞先生曾创下一天之内销售150双鞋子的世界记录，其销售对象包括男女老少，鞋子种类应有尽有。贝特格对他非常好奇，于是专程到他店里请教他是如何创下这个辉煌记录的。

他说："最关键之处在于你如何接近他们。如果顾客不走进你的店里，他怎么可能买你的商品？"弗兰克·贝特格很想了解他言下之意究竟是什么，于是，当天就到店里实地观摩他招揽生意的情形。纽密塞先生果然是深得个中奥秘的高手，他懂得营造让顾客有宾至如归的感觉。他站在店门口，以诚挚自然的笑容欢迎光临鞋店的顾客，他和蔼亲切的招待深获顾客的好评。因此，顾客坐下之前多半已打定主意买他的鞋子了。

善于亲近客户，建立良好关系，不管推销什么东西，都不要忘记"先推销自己"的原则。推销员接近顾客的方式往往决定了自己在他们心目中的地位。

语言表达
要言简意赅

　　林肯是弗兰克·贝特格最崇拜的演说家，原因是他的思路总能抓住事情的关键，而且他的语言也非常精炼，叙述事情简明扼要。林肯曾经为诉讼历史上最著名的案件做过精彩辩护，在短短一分钟的时间里就驳倒了对方两个小时的论述，让人深刻地体会到语言表达的言简意赅是多么的重要。

　　在伊利诺可的罗克岛和爱荷华的达文波特之间，有一条大河，河面特别宽阔，所以，罗克岛铁路公司决定在这条河上修建一座大桥，以便能让人们顺利通行。然而，这个时期正是轮船公司生意最好的时候，而要运输小麦、熏肉和其他物资最好的办法，就是靠船只这样的交通工具。假如在此时修建大桥，势必会影响轮船公司的经营秩序，经济毫无疑问也会下滑。因此，轮船公司为了阻止罗克岛铁路公司在这个时期修桥，就将其告上了法庭，试图让法律否定他们的决定。谁也没有料到，这会成为美国运输历史上最著名的诉讼案件。

　　在最后一次庭审那天，旁听位上座无虚席。首先发言的是轮船公司的代表韦德，他在法庭上滔滔不绝地从各个方面讲述修建大桥对他们的影响，他甚至暗示这将引起广大工人的强烈抗议。整个法庭都回荡着他的声音，两个小时后他的声音终于停止了。旁听的观众也为轮船公司即将遭到的巨大损失而担心。

　　论到辩护方发言时，大家也都以为他们也需要用两个小时，但出乎预料的是，辩护方从发言到结束，整个过程只用了一分钟。罗克岛铁路公司的发言代表说："控方律师的滔滔不绝真是值得祝贺，然而，你们忽略了一个问题，那就是，跨河运输要比沿河运输方便快捷。所以，我只有一个问题请陪审团法庭回答：就发展而言，跨河运输与沿河运输哪一项更重要？"

很快，法庭就做出了罗克岛铁路公司胜诉的裁决，而这一决定，毫无疑问是受到了这位衣着简陋的律师的影响。他就是亚伯拉罕·林肯。

弗兰克·贝特格害怕回忆那些推销失败的经历，非但没有成功还浪费了自己的时间，同时又打扰了许多朋友。内心除了内疚他还提醒自己，一定要让自己的表达尽量简短精炼，努力避免长篇大论。

在社交场合，对某件事情滔滔不绝真的是一件不好的习惯，即使是你最好的朋友也会感到厌烦。曾经有朋友说过弗兰克·贝特格："你最大的毛病是，一句话就能说明白的事情，而你却用15分钟来表达。"弗兰克·贝特格明白自己的这个毛病很严重。从那以后，他就时刻提醒自己：在对方没有坚持要你再说下去时，你要立即打住你的话语。

在推销中，假如使用的是电话交流的方式，弗兰克·贝特格多数时候都能在15分钟内结束谈话。因为在通话之前，他会事先把要谈的事情逐一列出，写在一张纸上，然后再说："我知道你很忙，有这么几件事需要和您讨论……"这样一来对方就很容易接受，从而愿意和你交谈。另外，谈事情要开门见山，语言表达简明扼要，这样也能提高生意成交的几率。

不要忽视
顾客的下属

有一天，弗兰克·贝特格和几位老友共进午餐，同桌有位来自费城马里安制造公司的总经理唐纳·利塞先生提到了一个特别有趣的问题："操纵客户的秘书是其左右手。"他还讲述了一个故事：

早上，一个推销员到工厂来，自称要见我，我的秘书出来问他："你是否和利塞先生事先有约？"

"没有，但我有些情报，相信他一定急于知道。"

秘书又问他的姓名及所属公司，他报出名字，并强调纯粹为私人事务。

"我是利塞先生的秘书，假如你有任何私事要跟利塞先生谈，我也许能代为处理，他现在特别忙碌。"

"既然是私事，我想最好能直接与利塞先生谈。"

我当时正好在工厂里，双手满是油污，忙着修理一台出了毛病的机器。我于是洗净了双手，走到工厂前厅。我并不认识那位先生，他自我介绍并与我握手后，问我是否可到办公室谈5分钟。我问他："到底有什么事？"他说："纯属私人事务，但我在这几分钟内可以让你明白一切。"

我们进了办公室后，他说："利塞先生，我们提供一项税务调查服务，可替您省下一笔可观的税金，而且这项服务完全免费，我们只希望能得到一些有关您的资料，并以处理机密文件的方式慎重保管。"

他接着拿出一张"问题表"，对我展开一连串的调查和问题，我说："等等，你在向我推销东西吗？你是哪家公司的业务员？"

接下来我紧迫地追问，他变得支支吾吾："利塞先生，很抱歉，可是……"我厉声再问："你到底是哪家公司的？"他不得已说出来："AC人寿保险公司，我……"我立刻呵斥了一声："给我滚出去！你耍诡计到这来，如果你不赶快滚蛋，看我怎么把你扔出去！"

利塞先生说那名推销员相貌堂堂，而且善于言辞，可是他与客户接触的方式却过于笨拙了。分析其原因：

首先，他没有事先约见。他在利塞先生最忙碌的时间里登门拜访，显得突兀而冒失。

其次，尽管他告知秘书自己的名字，却是一个毫无意义的名字。因为他闪避了秘书小姐的问题："请问你是哪家公司的人？"因而引起猜疑。

第三，当秘书小姐说利塞先生正在忙碌，他似乎表现出不相信的神情，以致引起秘书小姐的反感。

最后一点就是他耍了花招才得以进入办公室，但也因此杜绝了他以后再进这家公司的机会，尽管他所属的公司颇具规模且名气很大。如此一来，以后该公司的其他业务员也势将难与利塞的公司建立交易关系。

从弗兰克·贝特格推销的经验来看，想和忙碌异常的潜在客户见面时，应运用常识而非耍花招，但很多推销员忽略了秘书的重要性。事实上，秘书可说是极具影响力的左膀右臂，他们足以影响大局，毕竟他们是安排老板一切约会事宜的人。每次和客户的秘书接洽时，便犹如和他的"左右手"一起工作。你会发现只要信任他们，诚恳地尊重他们，约会事宜就可以顺利完成。

弗兰克·贝特格通常先设法查出秘书的芳名，然后抄录在备忘卡上以免忘记，和她们交谈时，也尽量称呼其名。打电话订约时便说："玛莉特小姐，你早！我是贝特格，不知你是否可替我安排今天或本周与哈斯先生面谈，只要20分钟。"

很多秘书或其他职员将摆脱推销员视为工作之一，但玩花招耍诡计并非面对拒绝的应对之策，不管你的推销点子多么新颖、口才多么犀利，切勿用这些方法应付客户的秘书或其他职员。

找出决定 销售的重点

实际上，许多潜在客户并不清楚自己目前最需要的是什么。以纽约的纺织业为例，在投保时，他们考虑的最重要的一点是"哪一家保险公司的保费最低"。基于这样的想法，纺织界的主管也就日夜被保险公司的业务员所逼迫，迟迟无法做最后的决定。

假如推销员遇到这种情况，不妨改变做法，探求顾客购买的原因。也就是说，改正对方认为什么才是决定购买重点的错觉，从所有事项中，以实际上最重要的问题作为改变对方想法的线索。由此可见，找出决定销售的重点——即所谓的"关键点"，并把握此关键是何其重要。

在数以万计的推销员当中，大多数人都毫不在意顾客决定购买其商品的主要因素，根本不清楚这个最重要的关键点。也许他们知道应注意此点，但究竟什么是"主要因素"呢？简单地说有以下几个方面：

——最基本的需求何在？

——最感兴趣的一点是什么？

——最弱的一环是什么？

那么，要如何掌握促使顾客购买的主要因素呢？首先，你需刺激、鼓励潜在客户说话。然而，假如你的顾客只列举了四五个他不想购买的理由时，你便急于跟他解释或驳倒他，你的推销必定无法成功。但是，如果你安排对方继续说下去，对方极可能在不知不觉中反倒帮了你的大忙，使交易更快成功。

原因是什么呢？因为在这四五个理由中，他会执着于谈论自己最关心的那一点，在这个地方说个没完。因此，有时不妨等他谈话暂告一段落后，再针对他那一点理由互相讨论，如此，可发现此理由是不是他决定购买与否的关键因素。一般而言，运用此法总是"万无一失"，相当有效。

有一个故事说，纽约某个24小时营业的俱乐部里，有位身体魁梧的壮汉专供客户取乐，客人可以猛击他的腹部。有几位客人好奇地上前一试，但是他们挥出的拳头丝毫动摇不了这位壮汉。

有一天，客人中有位看来非常威武有力的瑞士人，因为他对英文一窍不通，该俱乐部的节目主持人费尽唇舌向他解释，并以手势请他上台一试。但是，瑞士人脱下外套，卷起袖子，做了一个深呼吸来壮胆。他一跃上台，朝台上的壮汉一拳击去，但他并不是击打壮汉的腹部，而是往他的下颌猛力一击，将壮汉击倒了。由于误解击拳的位置，这位瑞士人"误打误撞"，运用了推销过程中最重要的一招——找出对方最脆弱的一环，然后集中全力朝关键点出击。

实际上，潜在客户往往并不清楚他们真正的需求。因此，认知顾客购买的原因，必可使你在推销过程中无往不利。

第十六章

现代营销学之父

——菲利普·科特勒

菲利普·科特勒博士，是现代营销集大成者，被誉为"现代营销学之父"，任西北大学凯洛格管理学院终身教授，是西北大学凯洛格管理学院国际市场学S·C·强生荣誉教授。同时他还是美国管理科学联合市场营销学会主席、美国市场营销协会理事、营销科学学会托管人、管理分析中心主任、杨克罗维奇咨询委员会成员、哥白尼咨询委员会成员。

菲利普·科特勒 的荣誉

现代营销学之父菲利普·科特勒，具有麻省理工大学的博士、哈佛大学博士后及苏黎世大学等其他8所大学的荣誉博士学位。科特勒博士见证了美国40年经济的起伏坎坷、衰落跌宕和繁荣兴旺的历史，从而成就了完整的营销理论，培养了一代又一代美国大型公司的企业家。

他是很多美国和外国大公司在营销战略和计划、营销组织、整合营销上的顾问。这些企业包括：IBM、通用电气、AT&T、默克（Merck）、霍尼韦尔（Honeywell）、美洲银行（Bank of America）、北欧航空（SAS Airline）、米其林（Michelin）等等。除此之外，他还曾担任美国管理学院主席、美国营销协会董事长和项目主席以及彼得·杜拉克基金会顾问。同时他还是将近二十本著作的作者，为《哈佛商业评论》《加州管理杂志》《管理科学》等第一流杂志撰写了100多篇论文。

菲利普·科特勒博士多次获得美国国家级勋章和褒奖，包括"保尔·D·康弗斯奖""斯图尔特·亨特森·布赖特奖""杰出的营销学教育工作者奖""营销卓越贡献奖""查尔斯·库利奇奖"。他是美国营销协会（AMA）第一届"营销教育者奖"的获得者，也是唯一三次获得过《营销杂志》年度最佳论文奖——阿尔法·卡帕·普西奖（Alpha Kappa Psi Award）的得主。

1995年，科特勒获得国际销售和营销管理者组织颁发的"营销教育者奖"。

科特勒博士一直致力于营销战略与规划、营销组织、国际市场营销及社会营销的研究，他的最新研究领域包括：高科技市场营销，城市、地区及国家的竞争优势研究等。他创造的一些概念，如"反向营销"和"社会营销"等等，被人们广泛应用和实践。

　　虽然科特勒的名字和市场营销紧紧联系在一起，但他却是从经济学起步的，在相继获得芝加哥大学的硕士学位和麻省理工学院的博士学位后，他重返芝加哥大学从事行为科学的博士后研究，并在哈佛大学钻研数学。1962年，他受邀加盟凯洛格管理学院，从此开始了令人尊重的执教生涯，并从营销学助教开始，一步一步走向营销学的顶峰。

机会面前
取舍的方法

　　在由科特勒咨询集团等机构主办的"菲利普·科特勒'2005新思维全球巡回论坛'"上，有人抛出了一个尖锐的问题："为什么中国20多年诞生了很多精彩的商战方法，但是却没有诞生最精彩的品牌？"

　　菲利普·科特勒谨慎地回答了这个问题，中国的企业过于重视出"奇"！而过于用"奇"以后，"正"的能力就被荒废了，从而背离了《孙子兵法》中讲的奇正结合之道。这导致很多中国企业在营销中是一"奇"又一"奇"，直到有一天"奇"完全失灵，然后猝死……

　　自20世纪80年代以来，中国市场经历的是抓住机会、用奇就能赚钱的时代，或者通过简单的广告和促销营销手段就能赚钱的时代。产品同质化、营销同质化几乎成了中国企业的通病，带来的直接后果就是价格战。虽然，谁都知道这并非长久之计，但这种致命的诱惑至今仍然存在。

　　那么在各种诱惑面前，中国企业该如何取舍？

　　菲利普·科特勒一开始就明确表达了他的观点："我的书讲的是如何建造一个持久成功的企业，并非为那些总想从一个行业跳到另一个行业的人而作，而是写给那些真正的企业家的。"因为他发现经常有这样一种公司，当它们发现了一些机会，在获得了这个机会之后不久就因为市场饱和或出现很多竞争者，而很快地转向另一个行业。他认为：这些公司并不是在做商业运作，它们也不可能营造出一个品牌。它们能够在短期内盈利，但不是一个持久性的公司。企业永远都不会是机会导向的。

　　科特勒强调："真正的企业会宁愿去发展一个核心竞争力，然后才可以进入相关的行业，要从你擅长的领域进入相关的领域，扩大你的产品组合，但不要盲目多元化，这是永恒不变的真理。"

当然，企业也不必限制在特别狭窄的领域，但这是你有了能力以后的事。

例如丰田，假如它做发动机做得会很好，也可以进入相关的领域做整车；一旦迪斯尼有了主题乐园之后，也可以建迪斯尼特色的酒店。

科特勒认为：假如企业创业的话，第一件事是做研究，也就是要理解市场，要通过研究决定市场的细分和目标定位。一旦决定了你的服务对象和目标市场，就进行下一步，也就是4P——产品、价格、渠道、促销。

随着近年来，产品供求过剩，顾客需求日趋多样化，以顾客要求为核心要素的4C（包括：客户价值、客户成本、客户的方便程度及客户的沟通）越来越受到关注。因此目前营销的整个过程应该是：开始研究、市场细分、定位、制定目标、客户价值、客户成本、客户方便程度、客户沟通、实施，最后一步是控制。控制需要看市场反馈，需要看市场份额，要观察客户的满意程度，据此要做出调整和改变。

如何获得新的创意？在激烈竞争中，每一个经营者都要考虑：我们的产品是否与众不同？当你的产品和销售越来越同质化的时候，你需要有新的主意和想法。水平的思维是垂直思维的有效补充。水平性的思维就是在一个范围内有次序的横向思考。

联邦快递公司的创始人是弗莱德·史密斯。这个公司的崛起就起源于一个水平思维的创意。在上世纪70年代初期，市场上还完全没有包裹隔夜送到的服务。谁要想在特定的时间里把包裹完美无缺地送到指定地点，基本不太可能，传统的美国邮政总局很难做到这一点。除非是他的运气不错，刚好住在一个有提供货物空运的城市，而且目的地也恰好是能够提供货物空运服务的城市。史密斯的隔夜送到服务正好填补了这个市场空白，而且广受人们的欢迎。联邦快递提出的"隔夜肯定送达"口号几乎革了邮政投递的命，一个新兴的快递行业迅速发展了起来。从20世纪70年代到20世纪80年代，再到90年代的大部分年份里，联邦快递的营业额一直处于两位数的增长率。

有许多人会有规律地坐火车旅游。在火车上会读报纸、玩游戏。有一个大学生想到为什么不能给大家在车上讲MBA课程？让大家在上班的路途中、旅游的路途中可以学MBA课程。这个想法很有创造性。这就是水平营销的案例。

科特勒指出："企业内部有两种营销：一种是下游的营销。由高层或营销部门帮助销售部门所做的营销，如：给销售部门一些小册子，帮助他们销售产品。另一种就是上游的营销。企业要有几个上游营销人员，他们的任务是研究和思考未来市场是什么样的情况，他们也要学会采用水平营销的方法工作，使企业获得不断创新的能力。"

创新与品牌，谁更重要？和40年前相比，营销发生了什么变化？科特勒回答："首先是品牌变得越来越重要。我第一次写书的时候只有一章是关于品牌的，到1985年我才感觉到品牌的重要性。品牌建设为什么变得很重要？因为我们逐渐失去了创新。而如果你有持续的创新能力，你可以不管品牌。

"但实际上，市场上成熟的产品越来越多，竞争者大致类似，企业必须用品牌树立在人们心中的形象。有些成功的品牌，不论它涉足什么行业，人们都购买它的产品，因为它有品牌。品牌会给人们一个固定的形象，比如：可口可乐能够使你更加精力充沛，百事可乐让你更加年轻。"

"所以，品牌就是来圆梦的，品牌可以成为企业的核心竞争力。而且著名品牌每进入一个新的行业，都给这个行业带入一个新的特点。"

至于怎样建立品牌，菲利普·科特勒认为：

第一步就是发现目标市场之后，要有意识地让人们知道你公司的名字，知道公司的优点和特点。但这个任务并不是销售部门的任务，而是品牌经理的任务。创造消费者对你产品的认知，才能让他们对你的公司发生兴趣和偏爱。

第二步是定义你的品牌。例如：沃尔沃汽车强调的安全，宝马是自动的汽车，奔驰的特点就是最好的工程制造技术。一旦知道你的品牌优势定位，就让大家有了支持这个品牌的理由，每个人都会为这个品牌感到骄傲。科特勒特别强调的是："要定义你的品牌，并且使它成为持久性的、活的品牌，使每一个雇员都知道品牌的含义。"

接下来要为品牌做宣传。假如你的企业生产大众型消费品，就要尽力使你的产品到达每一个推销渠道，做大规模的广告。但我们必须认识到：大规模的市场营销现在已不像过去那么发挥作用。因此我们现在常用以下方法：

1. 市场促销。比如打八折减价，或者是买一赠一。目前美国许多公司把70%的钱都花在促销上了，而过去70%的预算花在广告上，只把30%花在促销上。但促销不能老用，因为它会损害你的品牌形象。

2. 利用网站。企业应该设计很好的网站，使人们通过访问网站获得信息，为人们在线购买提供方便。企业还可以利用博客，每天可以写新的信息放在网上，这也是一种很好的传播方式。

3. 利用具有影响力的人。有一类人，在人群中具有感召力和影响力，他们说一件事，别人都会很感兴趣。因此公司有了新产品，就要和这些人交流。如果这些人喜欢，他们会把产品信息传导给喜欢这些人的族群，族群内部就会互相讨论，并会在群体中进一步散布。

4. 利用事件宣传品牌。比如：赞助一项体育赛事，赞助一个艺术展等等。

5. 利用公关力量。很多企业会找公关公司传播一些他们的故事，并使这个故事在相关行业的杂志上出现。这些公关公司的故事会让人更容易相信，因为这不是付费的广告。

6. 找出更好的地方投放广告。比如：在电梯间的液晶电视，它们也会播放广告，这被称之为新媒体。

那么，中国何时会有世界名牌？在这个问题上，菲利普·科特勒认为：从1947到1967年，日本公司花了20年的时间，才让我们听到了它们的品牌。日本公司一开始也是通过OEM的方式，当时日本大规模地模仿欧洲和美国的产品，现在的中国企业也是这样。但是企业不要停留在这个阶段，要从廉价制造产品，到提高产品质量，到更好的产品平均价格，然后到高价销售，这是革命性的进程，在这一过程中打造自己的品牌。

"建立品牌需要相对长一些的时间，但中国企业有很多自身的优势，例如：廉价劳动力。我认为大概10年后，中国人会有一些像奔驰、微软这样的世界著名品牌。那个时候，在世界100家优秀企业中，至少有10个著名品牌是中国制造的。"菲利普·科特勒如是说。

菲利普·科特勒指出："精确营销是当前营销的一大趋势。"它有着较高的精确要求，要求建立起客户关系，并且能够利用客户数据库。这便于精确锁定自己客户，成本更低，可测试，使广告可以衡量，利润也可以进行预测。

直复营销是一种典型的精准营销，它便于在企业与目标对象之间建立起一对一的沟通。科特勒风趣地说："人们在家看电视，一到播广告时就去厨房、卫生间，根本不看广告。宽带点播普及以后更不用看广告了。"所以他认为：虽然中国电视广告额还在上升，但中国公司从现在就应该尝试直复营销了。

菲利普·科特勒指出：很多情况下，运作直复营销需要企业对细分市场有细致的了解，并且能够建立起符合公司产品的数据库，还要求公司在软件、在技术层面能够有过得硬的技术支持。而目前中国很多企业在这些外部条件上还有一定的欠缺，因此，初期可以选择一些城市进行试点，有助于数据积累。

企业成功的秘密在哪里？如何才能成为行业的领导者？菲利普·科特勒说："创造并提供卓越的客户价值。"那么如何才能提供卓越的客户价值呢？科特勒认为以下四者必居其一，或者都具备。

1. 以低价取胜。比如：沃尔玛和美国的西南航空公司。但科特勒并不鼓励大家进行低价竞争，因为总会有别的公司可以成本更低。

2. 有很高的质量。在每一个市场上都有一些公司，拥有最高质量的产品。比如：摩托罗拉的产品，因为有六西格玛工具保证而使质量达到了完美。

3. 提供个性化的服务。有一个公司制造女性游泳衣，它可以让消费者设计自己的游泳衣，比如：哪种材料？哪个尺寸？顾客虽然要花更多的钱，但是可以获得最适合自己的产品，因而得到了女性消费者的认可。

4. 创新。要使企业不断有新的产品推出，就需要公司拥有创新的企业文化，并学会利用水平营销进行创新。

那么，请看一下你的公司，你将如何取胜？你是降低成本，最佳质量，给客户提供定制服务，还是不断创新你的产品？如果你的回答是"都没有"，就说明你没有进行战略性的思考。这是谁也不愿看到的，包括菲利普·科特勒。

营销创新
万新不离其宗

菲利普·科特勒曾用一句话启动了商界变革："市场营销最简短的解释是：发现还没有被满足的需求并满足它。"菲利普·科特勒指出："营销不是打击对手，而是吸引顾客，要让客户对你的产品和服务有信心。"总之，营销需要创新，但万新不能离其宗——发现并满足需求。

[新需求，新方法]

我们所生存的环境每天都在改变。例如：互联网正在改变我们的环境，每天都在创造新的需求，也使营销达到更多的受众。但互联网并没有改变营销的本质——发现并满足需求。如何才能满足新的需求？唯有创新，创新才能生存已经成为中外营销界的共识。而如何创新，则为水平营销提供了用武之地。

菲利普·科特勒还提出大企业应有整合创新思路：服务的创新如海尔，渠道的创新如国美，形象的创新如轩尼诗。而留给小企业的创新，则是创造差异。

一个统计数字显示：有超过75%的新产品都是失败的，这仅仅是因为这些新产品并没有为消费者创造出新的价值。

[参透客户价值，就能成功]

当前中国企业的营销遇到了前所未有的挑战，这种挑战说明了什么？挑战的背后是什么？

华夏基石管理咨询公司首席咨询师施炜博士有自己独到的见解。过去，中国企业在营销方面比较成功的领域大体是家电、手机等，而过去成功的模式第一就是拿下农村市场，成功的企业几乎都是以农村包围城市。第二就是以渠道为核心。而中国的渠道很分散，经营素质也不高，但对利润要求比较高，因此如果厂家能给予好的利润政策，就可以产生很大的推动力。第三就是用很奇特的概念营销。

而现在这三个成功经验所依赖社会环境，都发生了变化。第一，城乡一体化加快。城乡的特征没有过去那么明显，市场的独立边界已经模糊了。第二，渠道集中化。渠道集中化以后对厂家构成了极大的挑战。第三，消费者理性化。因为现在信息更透明，知识的传播也更快。这三个变化在使中国企业传统的营销经验失效。

怎么办？只有进行营销创新，而其中有三个基本要素：顾客价值；资源；理念。

任何一个创新都建立在资源上，资源的开发积累创新都是围绕客户价值的，客户价值需要什么我们就积累什么样的价值。资源大体分两类：一类是技术资源，一类是文化资源。中国企业现在还没有什么技术资源，但如果把创新分成几个层面，就可以找到一个突破口，比如空调。空调的核心技术是压缩机，中国不掌握核心技术，但是风管技术可以降低噪音，却是中国人可以用来赚钱的。文化资源比如审美等，更是中国不缺的，比如一个法国服装设计师会专门跑到云南丽江找灵感。

我们只要把客户价值想清楚了，总是能够成功的。而这些正是营销的根本。

[品牌，最后的防火墙]

目前中国企业营销面临着同质化严重的问题。同质化就是缺乏差异性，其根本在于缺乏创新，而创新不足又更凸显出了品牌的重要。

营销手段是很容易复制的，而品牌是"偷不去，带不走，学不了，拿不来"的，是竞争对手无法复制的。正是在这个意义上，品牌是企业避免陷入营销同质化竞争的最后一道"防火墙"。当消费者对品牌产生了忠诚和依赖感后，一切营销阻碍和难题将会一一破解。

[品牌管理 四大陷阱]

品牌逐步成为引导消费者进行购买的一个关键的差异化因素。企业以品牌为核心，围绕它来确定如何通过独特的方式将价值传递给顾客，并因此获取利润，从而充分地体现组织的"精神和灵魂"。

品牌承诺是通过企业的产品、服务和与消费者的沟通来实现的。假如品牌经过精心设计，并且企业在业务流程中、在与客户的接触中，能始终如一地贯彻其品牌的精神，那么这样的企业必定能够大展鸿图。

为什么品牌塑造这一营销举措现在这么受欢迎？

在一个商品化程度越来越高，选择越来越多的时代，品牌可以帮助人们摆脱被琳琅满目的产品弄得眼花缭乱的窘境。它简化了人们生活中的某些选择。除此之外，品牌也越来越能够满足人们对于归属感和身份地位认同感的需要——这些需要正是企业从过去到现在一直竭尽全力想要满足的。

假如你的企业还不曾接触过品牌管理，那么你最需要的就是迅速而全面地了解品牌塑造过程中的一些可能导致失败的关键因素。了解品牌塑造过程中可能陷入的误区，是企业维持一个强大、持久的品牌的重要措施。

[认识不足]

概念混淆——把品牌管理和产品管理混为一谈。品牌管理不等于产品管理。品牌如果管理得好，其寿命是能够比单独的产品、甚至整个品类更长的。

相比产品管理，品牌管理更加全面。它涵盖了全部的营销要素，还与企业内多个部门息息相关。消费者是不会和产品建立关系的，也不会对产品产生忠诚度。与消费者建立起情感联系的是品牌及其所代表的内涵。

界定狭窄——品牌定义过于狭窄，尤其是将其定义为某一类产品。强大品牌的主要优势之一，就是这样的品牌可以被拓展应用到新的产品和服务类别上去。它是企业的增长引擎，还能帮助你摆脱那些将要过期的产品类别和型号。

企业应该以品牌将要传递给消费者的主要利益为指导，确定品牌内涵和品牌承诺。然后，坚持不懈地寻找新的方法来实现这些内涵和承诺。通用电气GE就成功地拓宽了其品牌的内涵和承诺，公司口号曾经从"电力让生活更美好"转变为"GE带来美好生活"，而最新采用的口号则是"梦想启动未来"。

眼光短浅——为了短期利润而牺牲长期的营收增长。这个问题是由企业的奖励制度造成的。如果你付给品牌经理和总经理薪水，给他们升职，仅仅是为了得到好看的财务季报和年报，而不管长期的业务发展，那么这样的情况是不可避免的。解决方案是制定一个把增长目标与公司绩效及个人绩效的评估相结合的平衡计分卡。

重视不够——在产品开发过程的末期才开始应用品牌策略，而不是把品牌管理当成企业所有运营活动的推动力。你可能是在一家根本不知品牌管理和市场营销为何物的制造型企业里工作，公司的人没有品牌营销的意识。或者说，即便他们在做所谓的品牌营销，也只不过是把这部分工作丢给广告部或公关部，甚至是广告代理商。

品牌是对消费者的一种承诺，而企业所做的每一件事都必须保证这一承诺的实现。从锁定目标消费者到品牌设计，再到决定合适的产品和服务，缺一不可。这些，可能需要在组织设计和人员配置等方面做好安排。

[动机不纯]

目的不纯——不是为了满足消费者的特定需要，而是出于内部原因或销售目的才创建品牌或子品牌。再没有比创建一个新品牌或子品牌，目的却不是要满足消费者的不同需要更加低效和浪费的事情了。

品牌和子品牌之所以存在，目的就是要满足不同的消费者和消费者的不同需要。要推出一个新品牌，耗资是巨大的。如果同时要维持几个品牌，而这些品牌所满足的消费需求又很相似，成本就更大了，这样做还会使你的企业运营变得更加复杂。最糟的是，这样做会动摇原有品牌的地位。这种问题通常都是因为企业的过度自负，以及组织结构与品牌战略的不匹配所引起的。

在提供具体产品或服务的业务单元或分公司，主管不会去管他所领导的分公司所提供的产品或服务与其他分公司的有无相似之处。这种做法就导致惠普以下打印机系列的诞生：DeskJet系列、OfficeJet系列、OfficeJet Pro系列、LaserJet系列、DesignJet系列、DeskWriter系列和PhotoSmart系列。消费者很难区分这些系列的主要差异，他们一般都只把它们当成惠普打印机。

有时候，企业为了销售的缘故，会创建不同的品牌或子品牌。例如，给专卖店提供一些与在大众渠道中销售的产品有所不同的产品。贺曼公司就创建了"贺曼的心意"这个品牌的产品专门提供给大众化商店，而原有的贺曼品牌的产品则继续供货给专卖店。但是，这两种品牌并不能满足不同的消费者需要，我们也不认为消费者会明白它们之间的差异。这个问题还有可能因为并购行为而被引发，例如在有些并购案中，企业合并后，既不对原有品牌进行恰当处理，也不为其做战略性经营。

言行不一——产品或服务不能兑现品牌承诺。这是把品牌管理仅仅当成宣传工作的一种症状。例如，联合航空（United Airlines）公司的广告语"腾飞中的联合航空"却正好搬起石头砸了自家的脚：就在他们宣传公司正在努力提高服务质量以满足顾客期望的时候，飞机乘务员们却掀起了一场劳资纠纷。因为这场纠纷，客户服务部对投诉处理得一塌糊涂，以至于一位极为不满的顾客创建了一个网站，专供那些对联合航空公司不满的乘客发泄满腹牢骚。

对消费者做出的承诺必须通过产品、服务和全面客户体验来实现。企业内部的品牌战略教育和沟通是非常必要的，因为这些能确保所有员工的工作都有助于实现品牌承诺。将员工的薪酬与他在传递品牌承诺上的表现挂钩，也有助于品牌承诺的实现。